# Jean Paré ®

# Les pâtes faibles en gras

## Company's Coming ®

www.**companys**coming.com
visitez notre site Web ↑ (en anglais)

## Couverture

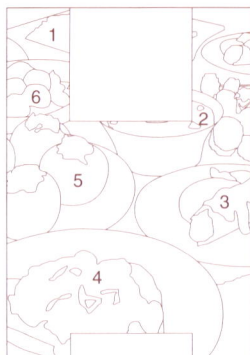

1. Spirales et salsa aux poivrons, page 66
2. Soupe aux haricots italiens, page 119
3. Manicotti au chocolat et au fromage, page 45
4. Sauce au poulet et au poivre, page 111
5. Salade de tomates farcies, page 98
6. Tortellini aux champignons et beurre aux
   fines herbes, page 148

Accessoires fournis par : Chintz & Company
The Glasshouse

## Couverture dos

1. Poulet et légumes rôtis, page 30
2. Spaghetti aux tomates marinées, page 79
3. Gratin de rigatoni, page 73
4. Cannelloni aux épinards, page 139

Accessoires fournis par : Chintz & Company
Eaton
Stokes
The Basket House

**Les pâtes faibles en gras**
Droits réservés © par Company's Coming Publishing
Tous droits réservés dans le monde entier. La reproduction totale ou
partielle de cet ouvrage, par quelque moyen que ce soit, est interdite
sans la permission écrite préalable de l'éditeur. Des brèves parties de
cet ouvrage peuvent être reproduites à des fins d'examen critique, à
condition d'en mentionner la source. Les critiques sont invités à
communiquer avec l'éditeur pour obtenir des renseignements
supplémentaires.

Premier tirage fevrier 2001

**Données de catalogage avant publication (Canada)**

Paré, Jean
    Les pâtes faibles en gras

Par Jean Paré.
Transduction de: Company's Coming low-fat pasta.
Comprend un index.
ISBN 1-895455-88-X

    I. Cuisine (Pâtes alimentaires) 2. Régimes hypolipidiques–
Recettes.  I. Titre.

TX809.M17P37214        641.8'22        C00-901037-8

Publié à l'origine dans la collection Au goût du jour, ISBN 1-896891-01-2

Publié par
COMPANY'S COMING PUBLISHING LIMITED
2311 - 96 Street
Edmonton (Alberta) Canada  T6N 1G3
Tél. : (780) 450-6223 (en anglais)   Téléc. : (780) 450-1857
www.companyscoming.com (en anglais)

Company's Coming et les Livres de cuisine Jean Paré sont des marques
de commerce déposées de Company's Coming Publishing Limited.
Imprimé au Canada

# Jean Paré

® LIVRES DE CUISINE

# Livres de cuisine de la collection Jean Paré

## Livres de cuisine Jean Paré

- 150 délicieux carrés
- Déjeuner et brunches
- Délices des fêtes
- Des repas en un plat
- La cuisine faible en gras **NOUVEAU**
- La cuisine pour deux
- La cuisine pour les enfants
- La cuisine sans viande
- La cuisson au micro-ondes
- Les barbecues
- Les biscuits
- Les casseroles
- Les casseroles légères
- Les conserves
- Les dîners
- Les entrées
- Les pains
- Les pâtes
- Les pâtes faibles en gras **NOUVEAU**
- Les pizzas!
- Les plats fricassés
- Les pommes de terre **NOUVE**
- Les salades
- Les tartes
- Muffins et plus
- Poissons et fruits de mer
- Poulet, etc.
- Repas à préparer à l'avance
- Recettes légères
- Recettes pour mijoteuses électriques

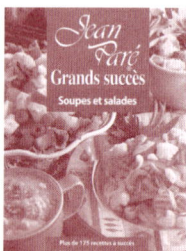

## Grands succès

- Pains éclair et muffins
- Sandwiches et roulés
- Soupes et salades
- Trempettes, tartinades et sauces à salade

## Collection au goût du jour

- La cuisine faible en gras
- Les grillades
- Les pâtes faibles en gras

## Collection grandes occasions

- Chocolat, pur et simple **NOUVEAU**
- Jean Paré reçoit avec simplicité

# Table des matières

# L'histoire des Livres de cuisine Jean Paré

En grandissant, Jean Paré a compris que l'important dans la vie, c'est la famille, les amis et les petits plats mijotés à la maison. Jean tient de sa mère son appréciation de la bonne cuisine tandis que son père loua ses premiers essais. Jean quitta la maison familiale munie de recettes éprouvées et animée de son amour des chaudrons et du désir particulier de dévorer les livres de cuisine comme des romans!

« *ne jamais partager une recette que l'on ne préparerait pas soi-même* »

En 1963, ses quatre enfants tous entrés à l'école, Jean offrit de pourvoir la nourriture qui serait servie à l'occasion du 50e anniversaire de l'École d'agriculture de Vermilion, aujourd'hui le Collège Lakeland. Travaillant chez elle, Jean prépara un repas pour plus de mille personnes. Cette petite aventure marqua les débuts d'un florissant service de traiteur qui prospéra pendant plus de dix-huit ans et qui permit à Jean de tester une foule de nouvelles idées et de s'enquérir sur-le-champ de l'avis de ses clients — dont les assiettes vides et les mines réjouies disaient long! Qu'il s'agisse de préparer des amuse-gueule pour une réception à domicile ou de servir un repas chaud à 1 - 500 personnes, Jean Paré avait la réputation de servir de la bonne nourriture à un prix abordable, avec le sourire.

Souvent, les admirateurs de Jean en quête de ses secrets culinaires lui demandaient « Pourquoi n'écrivez-vous pas un livre de cuisine? ». À l'automne 1980, Jean faisait équipe avec Grant Lovig, son fils, et ensemble, ils fondaient Company's Coming Publishing Ltd. qui lançait un premier titre, *150 Delicious Squares*, le 14 avril 1981. Quoique personne ne le savait à l'époque, ce livre était le premier d'une série qui deviendrait la collection de livres de cuisine la plus vendue au Canada.

L'époque où Jean Paré était installée chez elle, dans une chambre d'ami, est bel et bien révolue. Company's Coming emploie à temps plein des agents de commercialisation dans les grands centres canadiens. Le siège social de l'entreprise est établi à Edmonton (Alberta) dans des bureaux modernes conçus spécialement pour l'entreprise.

Les livres de cuisine Company's Coming sont vendus partout au Canada et aux États-Unis et dans certains pays étrangers, le tout grâce aux bons soins de Gail Lovig, la fille de Jean. La série paraît en français et en anglais et une adaptation en espagnol est vendue au Mexique. Et maintenant, on peut se procurer en d'autres formats que la collection originale à couverture souple les recettes familières de Jean Paré, toujours dans le style et la tradition qui lui ont valu la confiance de ses lecteurs.

Jean Paré a un penchant pour les recettes rapides et faciles, faites avec des ingrédients familiers. Même lorsqu'elle voyage, elle est continuellement à l'affût de nouvelles idées à partager avec les lecteurs. De retour à Edmonton, elle passe beaucoup de temps à faire des recherches et à rédiger des recettes; elle met aussi la main à la pâte dans la cuisine d'essai. La clientèle de Jean Paré ne cesse de grossir et ce, parce que celle-ci ne dévie jamais de ce qu'elle appelle « la règle d'or de la cuisine » : ne jamais partager une recette que l'on ne préparerait pas soi-même. C'est une méthode qui a fait ses preuves — *des millions de fois!*

# Avant-propos

On pense souvent, à tort, que les pâtes font engraisser. En réalité, les pâtes ont naturellement une forte teneur en glucides complexes, sont riches en protéines et contiennent peu de sodium et de matières grasses. Les pâtes se prêtent à une alimentation équilibrée à peu de frais, se préparent rapidement et facilement et s'accordent avec une foule d'autres ingrédients.

Si les pâtes seules ne sont pas riches, il faut cependant songer à tout ce qu'on y ajoute. Ce sont souvent les garnitures crémeuses et les sauces riches, dont on arrose abondamment les pâtes, qui font engraisser. Dans Les pâtes faibles en gras, nous avons prêté une attention toute particulière à la teneur en matières grasses des sauces. Par conséquent, si vous aimez noyer vos pâtes dans la sauce, vous pouvez maintenant le faire sans vous culpabiliser. En réduisant la quantité d'huile utilisée dans les sauces à base de tomates et en optant pour le lait écrémé évaporé dans les sauces crémeuses, nous sommes parvenus à réduire considérablement la teneur en matières grasses des plats dont les recettes suivent.

Outre une fabuleuse collection de recettes, Les pâtes faibles en gras donne un aperçu de la grande variété de pâtes vendues dans le commerce, apporte une réponse à des questions souvent posées sur la cuisson et la conservation des pâtes et révèle les secrets de l'étiquette des pâtes! Nous vous invitons à savourer ces conseils, ainsi que les autres astuces culinaires, qui sont parsemés dans les pages de ce livre.

Une analyse nutritionnelle est fournie à la fin de chaque recette. Elle indique la teneur en calories, en matières grasses, en protéines, en sodium, en glucides et en fibres de chaque plat. Pour vous aider à reconnaître les matières grasses dangereuses, la teneur totale en matières grasses est divisée pour distinguer les gras saturés et le cholestérol. Les chiffres donnés sont basés sur les ingrédients utilisés dans chaque recette, à l'exclusion de ceux qui sont marqués comme « facultatifs », « pour garnir » ou « pour décorer ». Lorsqu'une alternative est donnée à un ingrédient (par exemple « beurre ou margarine dure »), l'analyse est fonction du premier ingrédient. Lorsqu'une recette donne un nombre variable de portions, l'analyse a été faite d'après la première quantité, c'est-à-dire la plus grosse portion.

Régalez votre famille avec des hors-d'œuvre, des soupes, des salades et des plats de résistance nouveaux et fameux à base de pâtes et faibles en gras, sans oublier les délicieuses pâtes faites maison et plus encore! Des merveilleux plats de pâtes n'attendent que d'être découverts dans ces pages. Nous vous invitons à plonger dans Les pâtes faibles en gras et à mettre la main à la pâte. Ces recettes inoubliables ajouteront des couleurs brillantes et des fumets irrésistibles à vos expériences gastronomiques.

*Jean Paré*

Toutes les recettes ont été analysées d'après la version la plus à jour du Fichier canadien sur les éléments nutritifs de Santé Canada, qui est inspiré de la base de données sur les nutriments du ministère de l'Agriculture des États-Unis (USDA).

Margaret Ng, B. Sc. (hon.), M.A.
Diététiste

**7**

# au sujet des matières grasses

Les calories sont une mesure d'énergie. Les êtres humains doivent tirer chaque jour cette énergie des nutriments qu'ils consomment.

Les matières grasses, les glucides et les protéines sont toutes des sources d'énergie, mais l'énergie (calories) provenant des matières grasses est plus concentrée :

1 gramme de gras = 9 calories

1 gramme de protéines = 4 calories

1 gramme de glucides = 4 calories

Ainsi, les matières grasses contiennent plus du double des calories par rapport aux glucides et aux protéines. Le nombre de calories dont chaque personne a besoin dépend de sa taille, de son poids et de son mode de vie. Pour déterminer l'apport quotidien en calories dont une personne a besoin, il est préférable de consulter un diététiste.

Pour qu'un mode de vie soit sain, on considère que l'apport total en énergie ne doit pas dépasser 30 p. 100 de matières grasses, dont moins de 10 p. 100 provenant de gras saturés. Il est question ici de l'apport quotidien total, et non d'aliments individuels. Il n'est donc pas interdit de consommer des aliments qui contiennent plus de gras, à condition de manger aussi des aliments qui en contiennent moins et que la moyenne se chiffre à 30 p. 100 par jour. Voici une formule rapide pour calculer le pourcentage de calories provenant de matières grasses que contient une recette ou un ingrédient :

Matières grasses (en grammes)
x 9 (calories/gramme)
= calories provenant du gras

(Calories provenant du gras
÷ apport calorique total) x 100
= % de calories provenant du gras

Par exemple, 60 mL (¼ tasse) de cheddar râpé contient 113 calories et 9,3 grammes de matières grasses. Pour calculer le nombre de calories provenant de gras, il faut donc effectuer le calcul suivant :

9,3 grammes x 9 calories/gramme
= 83,7 calories

(83,7 calories ÷ 113 calories en tout) x 100
= 74 % des calories proviennent du gras

Bien des gens trouvent plus simple de calculer leur apport quotidien en grammes au lieu d'un pourcentage. Pour ce faire, il faut connaître la valeur de sa ration calorique quotidienne. Par exemple, en supposant qu'une personne a une ration calorique quotidienne de 1 500 calories et qu'elle veut tirer des matières grasses 30 p. 100 des calories qu'elle ingère :

1 500 calories totales
x 0,30 calories provenant du gras
= 500 calories provenant du gras

500 calories provenant du gras
÷ 9 calories/gramme
= 56 grammes de matières grasses par jour

## types de matières grasses

Les aliments contiennent différents types de matières grasses qui ont chacun un effet différent sur l'organisme. Les gras saturés sont un type de matières grasses que l'organisme absorbe difficilement et c'est à ce type de matières grasses que sont associés certains cancers, la hausse des taux de cholestérol et le risque de maladies du cœur. Les gras non saturés (matières grasses monoinsaturées et polyinsaturées) sont considérés comme moins dangereux que les gras saturés et on pense même qu'ils pourraient contribuer à la réduction des niveaux de cholestérol total et de triglycéride. Malheureusement, un excès de ce type de gras peut causer l'obésité, des calculs biliaires et certains cancers. Les gras hydrogénés sont d'abord sous forme liquide, mais ils se solidifient avec l'ajout de liaisons hydrogènes. Ils ont les mêmes effets sur la santé que les gras saturés. Le cholestérol est produit naturellement par l'organisme. Il est aussi présent dans les produits d'origine animale (viandes, poissons, volaille, œufs et produits laitiers). Lorsqu'il y a trop de cholestérol dans le sang, il se dépose généralement dans les artères.

## remplacement des produits à forte teneur en gras

*lait :* Les recettes incluses dans Les pâtes faibles en gras ont été testées en fonction de lait écrémé. La crème épaisse a été remplacée par du lait écrémé évaporé.

*fromage :* Le fromage est souvent une importante source de gras, c'est pourquoi dans Les pâtes faibles en gras, on se sert de fromages à basse teneur en gras ou

**8**

partiellement écrémés. De plus, la quantité de fromage par portion a été réduite pour diminuer la teneur totale en matières grasses.

*la cuisson avec des huiles ou matières grasses :* Dans Les pâtes faibles en gras, on emploie de l'huile de canola ou de l'huile d'olive, qui sont toutes deux riches en gras insaturés, mais faibles en gras saturés. En revanche, toutes les huiles, saturées ou insaturées, contiennent autant de matières grasses et de calories—seul le type de gras varie (voir page 6).

*œufs :* Aussi souvent que possible dans Les pâtes faibles en gras, les œufs ont été remplacés par un succédané surgelé. Ce nouveau produit est essentiellement à base d'œufs dont les gras saturés, stockés dans le jaune, ont été retirés.

1 gros œuf = 50 à 60 mL (¼ tasse) de produit d'œufs

*Sauces à salade et mayonnaise :* Dans la mesure du possible, on s'est servi dans Les pâtes faibles en gras de vinaigrettes et de mayonnaises à faible teneur en matières grasses.

*Margarines :* Les margarines en contenant contiennent plus d'eau et moins de matières grasses que la margarine dure et le beurre, et c'est pour cette raison qu'elles sont utilisées autant que possible dans Les pâtes faibles en gras. Les margarines de régime en contenant contiennent encore plus d'eau et ont un goût semblable au beurre, c'est pourquoi elles ont été utilisées lorsque la préservation du goût importait davantage.

# au sujet des pâtes

## choisir les pâtes qui conviennent

La qualité des pâtes commerciales est appelée à varier. Une pâte de qualité est à base de semoule, farine tirée des blés durs qui est plus granuleuse que les autres farines à base de blé et que l'on obtient souvent en tamisant la farine plus fine. D'autres pâtes commerciales conviennent également, mais le temps de cuisson et la texture peuvent varier légèrement.

Dans ce livre, nous nous sommes servi de pâtes commerciales vendues sous différentes marques pour nous assurer que peu importe

la marque des pâtes, les recettes donneraient toujours de bons résultats.

Les pâtes sont toutes à base de farine et d'eau. Elles sont parfois enrichies avec des œufs. Si les pâtes contiennent des œufs, elles ont une teneur légèrement plus élevée en matières grasses, mais elles sont tendres et savoureuses. Les pâtes employées dans le présent livre ne contiennent pas de jaune d'œuf et ont donc une teneur inférieure en gras.

On peut aromatiser et colorer une pâte de base en y ajoutant des épinards, des fines herbes, des betteraves, des tomates, du safran, etc. Essayez différentes sortes de pâtes fraîches en variant les fines herbes et en vous inspirant de la section Faire des pâtes du présent livre.

Si vous préférez une alimentation plus saine et à teneur plus forte en fibres alimentaires, optez pour les pâtes à base de blé entier. Elles contiennent non seulement de la vitamine B et du fer, mais aussi des traces de plusieurs vitamines et minéraux-traces.

## Les secrets de la cuisson des pâtes

*Quantité de pâtes :* Les portions dans Les pâtes faibles en gras sont calculées à raison de 57 à 85 g (2 à 3 oz) de pâtes par personne, avant la cuisson. Les quantités réelles dépendent du type et de la taille des pâtes et des plats servis en accompagnement.

*Taille de la casserole :* Choisissez une grande casserole ou un faitout qui peut contenir au moins 2 L (8 tasses) d'eau et dans lequel les pâtes peuvent « nager » pendant la cuisson.

*quantité d'eau :* Les pâtes doivent être cuites dans beaucoup d'eau, soit au moins 2 L (8 tasses) pour 225 g (8 oz) de pâtes non cuites. Les pâtes plus grosses, comme les grosses spirales, peuvent exiger plus d'eau. Si la quantité d'eau est insuffisante, l'amidon ne se dégage pas des pâtes pendant la cuisson et les pâtes cuites sont alors collantes et farineuses. Il faut attendre que l'eau bouille à gros bouillons avant d'y mettre les pâtes car l'ébullition cuit les pâtes plus uniformément et les empêche de coller.

*sel ou non? :* On recommande d'ajouter 5 mL (1 c. à thé) de sel pour 1 L (4 tasses) d'eau. Le sel enferme les nutriments dans les

**9**

pâtes. Pour éviter la formation d'une pellicule à la surface de l'eau, sur le tour de la casserole, ajouter le sel une fois que l'eau bouille.

*faut-il ajouter de l'huile?* : On met habituellement de l'huile dans l'eau de cuisson des pâtes pour éviter que celles-ci ne collent, mais comme cette méthode ajoute des matières grasses superflues, on l'a omise dans le présent livre. Pour empêcher les pâtes de coller, il suffit de les remuer à quelques reprises en cours de cuisson.

*remuer les pâtes* : Une fois que les pâtes sont plongées dans l'eau bouillante, les remuer sur-le-champ avec une cuillère
à long manche pour les empêcher d'adhérer au fond de la casserole. Ensuite, remuer les pâtes de temps en temps jusqu'à ce qu'elles soient cuites.

*sont-elles cuites?* : Comme le temps de cuisson varie selon la taille des pâtes, leur épaisseur et les ingrédients qu'elles contiennent, on vérifie la cuisson une fois que le temps minimum indiqué sur le mode d'emploi est écoulé, quitte à poursuivre la cuisson au besoin. Pour vérifier si les pâtes sont cuites, en prélever une avec une fourchette ou une cuillère et la laisser refroidir quelques instants avant de goûter. Si la pâte est tendre, qu'elle garde sa forme et qu'elle est légèrement ferme sous la dent (« al dente », prononcé « a-le-dain-té », les pâtes sont cuites. L'expression « al dente », d'origine italienne, signifie textuellement « à la dent ». Cuites, les pâtes sont un peu fermes, et non molles.

*égoutter les pâtes* : Verser les pâtes cuites dans une passoire et les égoutter complètement. Si les pâtes ne sont pas bien égouttées, l'eau qu'elles contiennent dilue la sauce et en diminue le goût.

*rincer les pâtes cuites* : On rince les pâtes pour en laver l'excès de sel, mais il faut savoir qu'on élimine en même temps une partie de l'amidon qui retient la sauce aux pâtes. Si les pâtes seront servies en salade ou plus tard, il faut absolument les rincer pour les empêcher de coller.

*rangement des pâtes* : Les pâtes sèches, non cuites, se conservent indéfiniment si elles sont enveloppées hermétiquement dans leur emballage d'origine ou dans un récipient clos et rangées dans un placard ou sur une étagère à un endroit frais et sec. Les pâtes cuites doivent être bien rincées pour éviter qu'elles ne collent, puis rangées au réfrigérateur dans un récipient couvert. S'il est prévu de servir les pâtes cuites le jour même, les couvrir d'eau froide et les réfrigérer en attendant le moment de les préparer. Le moment venu, les réchauffer 1 ou 2 minutes dans de l'eau bouillante. La congélation peut altérer la texture des pâtes et est donc déconseillée, quoique la plupart des sauces se congèlent très bien. On peut ranger les pâtes fraîches en vrac dans un récipient clos pendant trois jours ou les congeler pendant un mois. La pâte pétrie peut être enveloppée bien serrée dans une pellicule plastique et congelée pendant six mois. Avant de ranger des pâtes fraîches dans le placard, il faut s'assurer qu'elles sont bien sèches pour éviter qu'elles ne moisissent. Pour sécher complètement et uniformément les pâtes, on peut les étendre sur des grilles ou sur des torchons. Le temps de séchage dépend de l'épaisseur des pâtes et de l'humidité ambiante. On range les pâtes dans un contenant hermétique.

## L'étiquette des pâtes

Les gens se demandent comment on fait pour manger correctement des pâtes. La réponse : avec une fourchette. On ne se sert d'une cuillère que si la sauce est très liquide. Autrement, on enroule une petite quantité de pâtes autour des dents de la fourchette, en se servant de la courbe du bol pour les empêcher de retomber. C'est d'ailleurs pour cette raison que les pâtes devraient être servies dans des grandes assiettes à soupe et non dans des assiettes plates. Il est acceptable de laisser quelques pâtes pendre des dents de la fourchette. D'ailleurs, si les pâtes s'enroulent trop proprement et complètement, elles sont probablement trop cuites. Il est très mal vu de couper des pâtes au couteau.

# *des pâtes à n'en plus finir!*

Il y a tant de différentes formes de pâtes parmi lesquelles choisir. Le tableau qui suit vous aidera à choisir les pâtes qui conviennent au plat que vous songez à préparer. Si vous n'avez pas sous la main les pâtes demandées dans une recette, il vous suffit de choisir des pâtes semblables dans la même catégorie.

## v a r i é t é s   d e   p â t e s

### Pâtes longues

Les pâtes longues et fines (comme les capellini, les vermicelles ou les vermicelles chinois) sont délicieuses nappées de sauces légères et d'ingrédients coupés petit. Les sauces adhérentes sont préférables.

*Capellini* (cheveux d'ange) : nouilles cylindriques très fines; appelées capelli d'angelo (ka-PÈLE-i DAN-zè-lo) en italien.

*Fettucine* (fai-tou-CHI-ni) : nouilles plates et fines mesurant de 3 à 6 mm (⅛ à ¼ po) de large.

*Linguine* (lin-GWOUI-ni) : nouilles très étroites, plates et épaisses mesurant environ 3 mm (⅛ po) de large.

*Perciatelli* (pèr-tcha-TEL-i) : version plus grosse et creuse des spaghetti; aussi appelées bucatini (bouc-ca-TI-ni).

*Vermicelles* CHINOIS (aussi appelés nouilles collantes chinoises) : nouilles cylindriques, très fines et transparentes à base de farine de riz. ·

*Spaghetti* (spa-GÈ-ti) : nouilles cylindriques fines. Le nom est dérivé du mot italien qui désigne une corde.

*Spaghettini* : même forme, mais plus minces que les spaghetti.

*Vermicelle* : spaghetti très minces, légèrement plus fins que les spaghettini, mais pas autant que les capellini.

### Pâtes en spirale

Elles conviennent avec les sauces épaisses et dans les plats cuits au four.

*Fusilli* (fiou-SI-li) : fines torsades qui mesurent environ 4 cm (1½ po) de long.

*Gemelli* (jè-MÈLE-i) : torsades courtes qui mesurent environ 4 cm (1½ po) de long et qui rappellent deux brins de spaghetti tressés ensemble.

*Radiatore* (râ-dia-TORE-é) : ressemblent à des petits radiateurs aux bords ondulés.

*Rotini* (rô-TI-ni) : nouilles torsadées mesurant environ 4 cm (1½ po) de long; elles sont légèrement plus longues et épaisses que les fusilli.

### Toutes petites pâtes

Elles conviennent particulièrement dans les soupes et les ragoûts.

*Acini di pepe* (a-CHI-ni di Pé-pé) : plombs en français, ce sont des petites nouilles en forme de grains de poivre.

*Alphabet* : petites nouilles en forme de lettres.

*Anellini* : pâtes en forme de petites rondelles

*Conchigliette* (con-ki-YÈ-té) : les plus petites de toutes les pâtes en forme de coquilles.

*Farfallini* (fare-fa-LI-ni) : les plus petites des pâtes en forme de boucles. Le bord est ondulé.

*Orzo* (ORE-zoo) : langues d'oiseau, en français. Ce sont des petites pâtes en forme de grains de riz. En italien, « orzo » signifie « orge ».

*Quadrettini* (coua-drè-TI-ni) : petits carrés, en français. Il s'agit, comme le nom l'indique, de petites pâtes plates en forme de carré.

*Stelline* (stè-LI-ne) : étoiles, en français. d'après le mot italien qui signifie « petites étoiles ». Il s'agit de petites pâtes en forme d'étoiles.

*Tripolini* (tri-po-LI-ni) : bouclettes, en français. Il s'agit de petites nouilles en forme de boucles, mais dont le bord est roulé et non ondulé.

*Tubetti* (tou-BÈ-ti) : bagues, en français. Il s'agit de petites nouilles courtes en forme de bagues. En italien, le nom signifie « petits tubes ».

### Petites pâtes

Elles sont le plus souvent utilisées dans des casseroles.

*Cavatappi* (ca-va-TA-pi) : petits coudes courts, ondulés, en forme de torsades.

*Conchiglie* (con-ki-lié) : petites pâtes en forme de coquilles.

*Ditali* (di-TÂ-li) : nouilles courtes et droites, en forme de tube. Elles sont légèrement plus longues et larges que les tubetti (voirToutes petites pâtes).

*Macaroni* : coudes, en français. Nouilles en tubes légèrement courbées, à la surface lisse.

**11**

## Pâtes moyennes

Ces pâtes sont toutes délicieuses avec des sauces à base de tomates, de viande ou de crème et conviennent aussi dans des casseroles.

*Farfalle* (far-FÂ-lé) : pâtes en forme de boucles ou de nœuds, dont le bord est ondulé.

*Gnocchi* (GNÔ-ki) : petits beignets de pâtes à base de pommes de terre et de farine. On y ajoute parfois des œufs, du fromage ou des épinards. Généralement, ils sont façonnés en boules et cuits dans l'eau bouillante. Il existe aussi des gnocchi secs à base de semoule durum.

*Grande conchigle* (con-ki-lié) : grosses pâtes en forme de coquilles soit ondulées, soit lisses. Les sauces s'infiltrent dans la cavité.

*Orecchiette* (ô-rèk-ki-É-té) : petites pâtes en forme de disques. En italien, le nom signifie « petites oreilles ».

*Penne* (PÈ-né) : plumes, en français. Il s'agit de nouilles courtes, en forme de tubes cannelés, qui mesurent environ 0,5 cm (¼ po) de diamètre et 5 cm (2 po) de long.

*Rotelle* (rô-TÈ-lé) : pâtes en forme de roues de wagons.

*Ziti* (ZI-ti) : gros macaroni lisse, en forme de tube, qui mesure environ 1,2 cm (½ po) de diamètre et 4 cm (1½ po) de long. Semblable aux rigatoni (voir Grosses pâtes).

## Grosses pâtes

Ces pâtes gonflent beaucoup à la cuisson. Elles ont fière allure quand on les sert dans un grand plat à pâtes nappées d'une sauce crémeuse ou épaisse qui y adhère. On peut aussi les cuire dans une casserole.

*Farfallone* (far-FÂ-lo-né) : les plus grosses des pâtes en forme de boucles.

*Lasagne* (la-ZA-gne) nouille larges (environ 5 cm, 2 po) et plates, dont le bord peut être ondulé.

*Rigatoni* (rig-a-TO-ni) : macaroni en forme de tubes mesurant environ 1,2 cm (½ po) de diamètre et 5 cm (2 po) de long.

## Pâtes farcies

Elles sont délicieuses nappées d'une sauce à base de tomates ou crémeuse.

*Agnolotti* (a-gno-LO-ti) : pâtes en carrés farcies avec de la viande ou des légumes. Elles sont semblables à des ravioli, mais plus grosses.

*Cannelloni* (can-è-LO-ni) : grosses pâtes en forme de tubes (ou pâtes carrées roulées en tubes) que l'on fait bouillir avant de les remplir de viande, de fromage ou de légumes.

*Cappelletti* (ca-pè-LÈ-ti) : petits carrés de pâte de 5 cm (2 po), farcis et repliés en forme de petits chapeaux. Ils sont habituellement farcis avec du bœuf haché, du fromage ou des légumes. Le nom est dérivé du pluriel du mot italien « cappelletto », qui signifie « petit chapeau ».

*Conchiglioni* (con-KI-è-o-ni) : Coquilles géantes qui sont habituellement farcies avec du fromage, de la viande ou des légumes.

*Manicotti* (ma-ni-COT-ti) : grosses pâtes à la surface ondulée, en forme de tube, dont l'extrémité est coupée de travers.

*Pansotti* (pan-SO-ti) : beignet triangulaire farci, habituellement avec du fromage et des épinards, des bettes ou de la bourrache (plante européenne qui est utilisée comme les épinards). En italien, le nom signifie « pansu ».

*Ravioli* (rav-i-O-li) : beignets de pâte carrés (parfois arrondis) habituellement farcis avec de la viande, du fromage ou des légumes.

*Tortellini* (tor-té-LI-ni) : petits beignets de pâte en forme de bagues, habituellement farcis avec de la viande ou du fromage.

*Tortelloni* (tor-té-LO-ni) : gros tortellini.

## Pâtes spécialisées

Quand une fête se présente, vous pouvez souligner l'occasion avec des pâtes ingénieuses, façonnées selon des thèmes précis. Essayez des petits arbres de Noël et des anges pendant les Fêtes, des cœurs à la Saint-Valentin, des feuilles et des citrouilles à l'Action de grâce, entre autres! Ce sont les petites attentions comme celles-là qui font les grandes occasions.

Acini di pepe   Alphabets   Anellini   Conchigliette   Farfallini   Orzo   Quadrettini   Stellini   Tripolini   Tubetti

Cavatappi          Ditali          Macaroni          Conchiglie

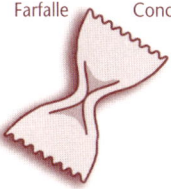  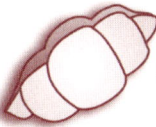  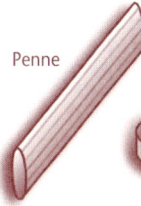

Farfalle   Conchiglie   Gnocchi   Orecchiette   Penne   Rotelle   Ziti

Lasagne                                            Rigatoni

Farfallone

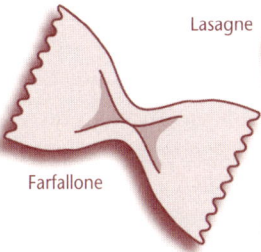 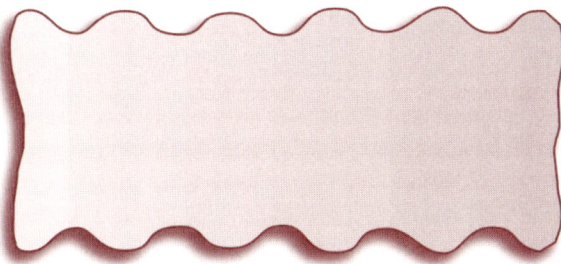 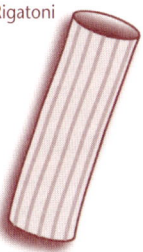

Fusilli          Gemelli          Radiatore          Rotini

 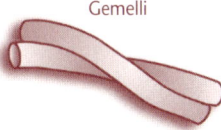  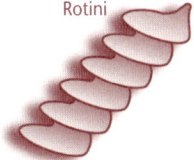

## LES ILLUSTRATIONS REPRÉSENTENT LA FORME, MAIS NE SONT PAS À L'ÉCHELLE

Agnolotti   Cannelloni   Conchiglioni   Manicotti   Pansotti   Ravioli   Tortellini   Tortelloni

Cappelletti

**13**

# Coquilles crémeuses au lox

*Le lox est un type de saumon fumé qui est salé avant d'être fumé à froid. Quoiqu'il soit légèrement plus salé que les autres types de saumon fumé, tous se substituent les uns aux autres.*

| | | |
|---|---|---|
| Grosses coquilles (pas géantes) 70 g (2½ oz) | ¾ tasse | 175 mL |
| Eau bouillante | 4 tasses | 1 L |
| Sel | 1 c. à thé | 5 mL |
| Fromage à la crème tartinable à faible teneur en matières grasses | 8 oz | 250 g |
| Sauce à salade hypocalorique (ou mayonnaise) | 1 c. à soupe | 15 mL |
| Jus de citron | ½ c. à thé | 2 mL |
| Poivre frais moulu, une pincée | | |
| Lox, haché fin (ou saumon fumé) | ⅓ tasse | 75 mL |
| Aneth frais, haché fin (ou 2 mL, ½ c. à thé, déshydraté) | 2 c. à thé | 10 mL |
| Sucre granulé | ⅛ c. à thé | 0,5 mL |
| Olives mûres, dénoyautées, hachées fin (ou pimiento), pour garnir | | |

Cuire les pâtes dans l'eau bouillante additionnée du sel dans une grande casserole pendant 8 à 10 minutes, en remuant de temps en temps, jusqu'à ce qu'elles soient fermes, mais encore tendres. Égoutter. Rincer à l'eau froide jusqu'à ce que les pâtes aient refroidi. Égoutter. Les laisser reposer sur un essuie-tout jusqu'à ce qu'elles soient sèches.

Battre le fromage à la crème avec la sauce à salade et le jus de citron dans un petit bol jusqu'à ce que la préparation soit lisse. jusqu'à ce que la préparation soit lisse. Ajouter le poivre, le lox, l'aneth et le sucre. Bien mélanger.

Mettre environ 5 mL (1 c. à thé) de garniture dans chaque coquille. Décorer avec les olives. Couvrir et réfrigérer jusqu'à ce que les coquilles soient froides. Donne environ 60 coquilles.

*1 coquille farcie : 15 calories; 0,8 g de matières grasses (0,4 g de gras saturés, 2,4 mg de cholestérol); 72 mg de sodium; 1 g de protéines; 1 g de glucides; trace de fibres alimentaires*

Photo à la page 17.

# Cornets farcis

*La farce a la couleur du beurre. La préparation prend 20 minutes.*

| | | |
|---|---|---|
| Très petites pâtes (bouclettes, alphabet ou orzo) | ⅔ tasse | 150 mL |
| Eau bouillante | 4 tasses | 1 L |
| Sel | 1 c. à thé | 5 mL |
| Oignon vert, tranché fin | 1 | 1 |
| Cornichons à l'aneth, hachés très fin puis<br>   épongés avec un essuie-tout | ½ tasse | 125 mL |
| Céleri, haché fin | 2 c. à soupe | 30 mL |
| Fromage à la crème tartinable sans<br>   matières grasses | ⅓ tasse | 75 mL |
| Lait écrémé | 1 c. à soupe | 15 mL |
| Moutarde préparée | 1 c. à thé | 5 mL |
| Sel | 1 c. à thé | 5 mL |
| Sucre granulé | 1 c. à thé | 5 mL |
| Graines de céleri | ¼ c. à thé | 1 mL |
| Gruyère à faible teneur en matières grasses, râpé | ½ tasse | 125 mL |
| Tranches rondes de jambon sans gras<br>   (12 tranches rondes de 10 cm, 4 po,<br>   coupées en deux) | 2 × 4½ oz | 2 × 127 g |

Cuire les pâtes dans l'eau additionnée de la première quantité de sel dans une casserole moyenne pendant 5 à 6 minutes, en remuant de temps en temps, jusqu'à ce qu'elles soient tendres, mais encore fermes. Égoutter. Rincer à l'eau froide. Égoutter.

Verser les pâtes dans un bol moyen. Ajouter les 3 prochains ingrédients.

Combiner les 6 prochains ingrédients dans un petit bol. Mélanger jusqu'à ce que la préparation soit lisse. Ajouter le tout aux pâtes, puis ajouter le gruyère. Bien mélanger.

Façonner un cornet avec une tranche de jambon, en y piquant un cure-dents pour la retenir. Verser environ 15 mL (1 c. à soupe) du mélange de pâtes dans chaque cornet. Remplir ainsi toutes les tranches de jambon. Donne 24 cornets.

*1 cornet : 47 calories; 0,6 g de matières grasses (0,3 g de gras saturés, 1,5 mg de cholestérol); 306 mg de sodium; 3 g de protéines; 7 g de glucides; trace de fibres alimentaires*

Photo à la page 17.

# Bifteck et penne

*Ce plat consistant est parfait accompagné d'une salade et
d'un petit pain. La préparation ne prend que 10 minutes.*

| | | |
|---|---|---|
| Bifteck maigre désossé (haut de ronde par exemple), coupé en cubes de 2 cm (¾ po) | 1 lb | 454 g |
| Huile de cuisson | 1 c. à thé | 5 mL |
| Oignon haché | 1½ tasse | 375 mL |
| Gousse d'ail, émincée (facultatif) | 1 | 1 |
| Consommé de bœuf condensé | 10 oz | 284 mL |
| Feuille de laurier | 1 | 1 |
| Poivre | ¼ c. à thé | 1 mL |
| Thym | ¼ c. à thé | 1 mL |
| Persil en flocons | 1 c. à soupe | 15 mL |
| Carottes, coupées en dés | 1½ tasse | 375 mL |
| Jus de tomates (ou de légumes) | 2 tasses | 500 mL |
| Penne non cuits (pâtes en tube moyennes), 225 g (8 oz) | 2⅔ tasses | 650 mL |
| Tomates moyennes, coupées en dés | 2 | 2 |

Faire sauter le bifteck dans l'huile dans une grande poêle à revêtement antiadhésif jusqu'à ce qu'il soit doré. Ajouter l'oignon et l'ail. Faire sauter jusqu'à ce que l'oignon soit mou.

Ajouter les 6 prochains ingrédients. Remuer. Porter à ébullition. Couvrir. Laisser mijoter pendant 30 minutes. Jeter la feuille de laurier.

Incorporer le jus de tomates en remuant. Porter à ébullition. Ajouter les pâtes. Couvrir. Laisser mijoter pendant 10 minutes. Découvrir. Cuire jusqu'à ce que le liquide ait réduit légèrement et que les pâtes soient tendres. Ajouter les tomates. Remuer pour réchauffer le tout. Pour 6 personnes.

*1 portion : 287 calories; 3,4 g de matières grasses (0,8 g de gras saturés, 27,7 mg de cholestérol); 606 mg de sodium; 23 g de protéines; 41 g de glucides; 3 g de fibres alimentaires*

1. Pâtes aigres-douces fraîches, page 101
2. Petites tomates farcies, page 97
3. Coquilles crémeuses au lox, page 14
4. Cornets farcis, page 15
5. Fiesta au basilic crémeux, page 93
6. Salade de pâtes orientale, page 99

Accessoires fournis par : Chintz & Company
The Basket House

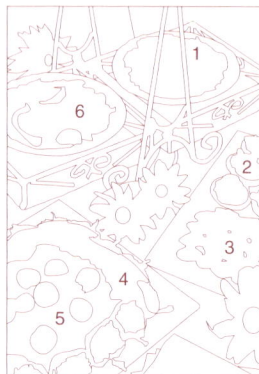

Plats de bœuf

# Stroganov poêlé

*Ce plat simple se prépare en seulement 15 minutes.*

| | | |
|---|---|---|
| Bœuf haché très maigre | ¾ lb | 340 g |
| Oignon, haché fin | ½ tasse | 125 mL |
| Céleri, haché fin | ⅓ tasse | 75 mL |
| Farine tout usage | 3 c. à soupe | 50 mL |
| Bouillon de bœuf en poudre | 2 c. à thé | 10 mL |
| Sel | ½ c. à thé | 2 mL |
| Poivre frais moulu, une pincée | | |
| Eau | 2 tasses | 500 mL |
| Champignons tranchés, en conserve, non égouttés | 10 oz | 284 mL |
| Sauce Worcestershire | 1 c. à thé | 5 mL |
| Nouilles larges sans jaune d'œuf, non cuites (170 g, 6 oz) | 3 tasses | 750 mL |

Faire revenir le bœuf haché, l'oignon et le céleri dans un wok ou une grande poêle à revêtement antiadhésif pendant 4 à 5 minutes, jusqu'à ce que le bœuf soit complètement cuit. Égoutter.

Répandre la farine sur le contenu de la poêle. Bien remuer. Incorporer les 6 prochains ingrédients en remuant. Porter à ébullition.

Ajouter les pâtes. Couvrir. Laisser mijoter pendant 12 à 13 minutes, en remuant de temps en temps, jusqu'à ce que les pâtes soient tendres, mais encore fermes. Pour 4 personnes.

*1 portion : 331 calories; 8,1 g de matières grasses (3 g de gras saturés, 44 mg de cholestérol); 857 mg de sodium; 23 g de protéines; 41 g de glucides; 3 g de fibres alimentaires*

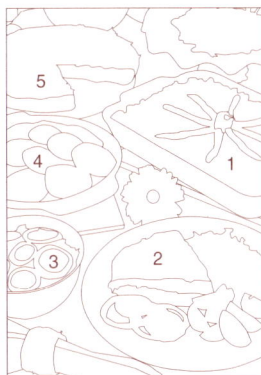

1. Pâtes au poulet et aux asperges, page 43
2. Tarte aux spaghetti et au bœuf haché, page 22
3. Salmigondis de lentilles et de poivrons, page 61
4. Gratin de pâtes et de jambon, page 88
5. Tarte de pâtes à l'ail, page 20

Accessoires fournis par : Chintz & Company
Creations By Design
Eaton

# Tarte de pâtes à l'ail

*Un plat pour les grands amateurs d'ail. On peut
manger la tarte avec les doigts.*

| | | |
|---|---|---|
| Farine tout usage | 2 tasses | 500 mL |
| Levure sèche instantanée | 1½ c. à thé | 7 mL |
| Sucre granulé | 1 c. à thé | 5 mL |
| Sel à l'ail | ½ c. à thé | 2 mL |
| Eau | ¾ tasse | 175 mL |
| Gousses d'ail, émincées | 2 | 2 |
| Huile d'olive | 1 c. à thé | 5 mL |
| Semoule de maïs | 1 c. à soupe | 15 mL |
| Poudre d'ail | ⅛ c. à thé | 0,5 mL |
| Mozzarella partiellement écrémé, râpé | ½ tasse | 125 mL |
| Spaghetti (longues pâtes), brisés en trois | 8 oz | 225 g |
| Eau bouillante | 2 pte | 2 L |
| Sel | 2 c. à thé | 10 mL |
| Bœuf haché maigre | ½ lb | 225 g |
| Champignons frais, hachés | ½ tasse | 125 mL |
| Poivron vert, haché | ¼ tasse | 60 mL |
| Oignon, haché fin | ¼ tasse | 60 mL |
| Tomate mûre, hachée | 1 tasse | 250 mL |
| Sauce tomate | 7,5 oz | 213 mL |
| Origan en feuilles, déshydraté | ¾ c. à thé | 4 mL |
| Basilic déshydraté | ¾ c. à thé | 4 mL |
| Sel | ½ c. à thé | 2 mL |
| Produit d'œufs surgelé, dégelé | 3 c. à soupe | 50 mL |
| Mozzarella partiellement écrémé, râpé | ½ tasse | 125 mL |
| Produit de parmesan léger, râpé | 2 c. à soupe | 30 mL |

Combiner les 4 premiers ingrédients dans un bol moyen.

Faire chauffer l'eau, l'ail et l'huile dans une petite casserole ou au micro-ondes jusqu'à ce
que l'eau soit très chaude, puis l'ajouter aux ingrédients secs. Combiner le tout. Remuer
jusqu'à obtenir une boule de pâte molle. Pétrir la pâte sur une surface légèrement
enfarinée jusqu'à ce qu'elle soit lisse. Couvrir. Laisser reposer à un endroit tiède pendant
15 minutes. Abaisser la pâte en un rond de 30 cm (12 po) sur une surface légèrement
enfarinée. Graisser un moule à pizza profond de 30 cm (12 po).

*(suite...)*

Plats de bœuf

Combiner la semoule de maïs et la poudre d'ail dans un petit bol et étaler le mélange dans le moule. Poser la pâte abaissée dans le moule et façonner un rebord. Répandre la première quantité de mozzarella sur la pâte.

Cuire les spaghetti dans l'eau bouillante additionnée de la première quantité de sel dans une grande casserole ou dans un faitout pendant 8 à 10 minutes, en remuant de temps en temps, jusqu'à ce qu'ils soient tendres, mais encore fermes. Bien égoutter. Étaler les spaghetti uniformément sur le fromage.

Faire revenir le bœuf haché, les champignons, le poivron vert et l'oignon dans une poêle moyenne à revêtement antiadhésif jusqu'à ce que le bœuf soit doré. Égoutter. Incorporer les tomates et la sauce tomate en remuant. Faire sauter pendant 2 à 3 minutes pour ramollir les tomates. Ajouter les 3 prochains ingrédients. Porter à ébullition. Retirer du feu et laisser refroidir quelques instants.

Incorporer le produit d'œuf en remuant. Verser le tout uniformément sur les spaghetti et l'étaler légèrement pour combler tous les vides. Répandre la seconde quantité de mozzarella sur le dessus, puis le parmesan. Cuire au milieu du four à 425 °F (220 °C) pendant 20 minutes, jusqu'à ce que la croûte et le dessus soient dorés.

*1 pointe : 346 calories; 6,6 g de matières grasses (2,8 g de gras saturés, 24 mg de cholestérol); 547 mg de sodium; 18 g de protéines; 53 g de glucides; 3 g de fibres alimentaires*

# Tarte aux spaghetti et au bœuf haché

*Les ingrédients sont nombreux, mais à raison.*

| | | |
|---|---|---|
| Spaghetti (longues pâtes) | 6 oz | 170 g |
| Eau bouillante | 6 tasses | 1,5 L |
| Sel | 1½ c. à thé | 7 mL |
| Bœuf haché maigre | ¾ lb | 340 g |
| Oignon haché | 1 tasse | 250 mL |
| Grosse gousse d'ail, émincée | 1 | 1 |
| Farine tout usage | 1½ c. à soupe | 25 mL |
| Sucre granulé | ½ c. à thé | 2 mL |
| Clou de girofle moulu, une pincée (facultatif) | | |
| Muscade moulue, une pincée (facultatif) | | |
| Tomates étuvées en conserve, passées au robot culinaire | 14 oz | 398 mL |
| Macédoine de légumes surgelée | 1 tasse | 250 mL |
| Produit d'œufs surgelé, dégelé | 8 oz | 227 mL |
| Chapelure fine | ¼ tasse | 60 mL |
| Bouillon de bœuf en poudre | 1 c. à thé | 5 mL |
| Lait écrémé | 2 tasses | 500 mL |
| Farine tout usage | 2 c. à soupe | 30 mL |
| Sauce à salade hypocalorique (ou mayonnaise) | 1 c. à soupe | 15 mL |
| Cheddar à basse teneur en matières grasses, râpé | ½ tasse | 125 mL |
| Mozzarella partiellement écrémé, râpé | ½ tasse | 125 mL |
| Paprika, une pincée | | |
| Persil frais, haché, pour garnir | | |

Cuire les pâtes dans l'eau bouillante additionnée du sel dans une grande casserole pendant 8 minutes, en remuant de temps en temps, jusqu'à ce qu'elles soient tendres, mais encore fermes. Égoutter. Rincer à l'eau tiède. Égoutter.

Faire revenir le bœuf haché, l'oignon et l'ail dans une grande poêle à revêtement antiadhésif jusqu'à ce que la viande soit complètement cuite. Égoutter. Saupoudrer la première quantité de farine sur la préparation. Bien mélanger. Incorporer le sucre, le clou de girofle, la muscade, les tomates et les légumes en remuant. Porter à ébullition. Laisser mijoter à découvert pendant 15 minutes.

Verser la ½ du produit d'œufs dans un bol moyen. Ajouter le mélange de bœuf haché, puis la chapelure et le bouillon en poudre. Bien mélanger. Verser la préparation dans un moule à tarte en verre de 25 cm (10 po) légèrement graissé. Étaler les pâtes uniformément sur le dessus.

Combiner lentement le lait au fouet avec la seconde quantité de farine dans une casserole moyenne jusqu'à ce que la préparation soit lisse. Cuire, en remuant souvent au fouet, jusqu'à ce que la préparation bouille et épaississe. Retirer du feu. Incorporer la sauce à salade, le cheddar et le mozzarella en remuant jusqu'à ce que les fromages aient fondu. Incorporer le reste du produit d'œufs en remuant. Répandre le tout sur les pâtes.

Saupoudrer de paprika et de persil. Cuire au four à découvert 350 °F (175 °C) pendant 50 minutes, jusqu'à ce que le centre soit pris et que le dessus soit doré. Laisser la tarte reposer 10 minutes avant de la couper. Couper en 8 pointes.

*1 pointe :* *294 calories; 7,8 g de matières grasses (3,4 g de gras saturés, 32,1 mg de cholestérol); 448 mg de sodium; 22 g de protéines; 34 g de glucides; 2 g de fibres alimentaires*

Photo à la page 18.

# Bœuf et légumes à l'orientale

*Les pâtes remplacent le riz en guise de lit. Cuire les pâtes pendant que le bœuf et les légumes cuisent. Un bon plat réchauffé.*

| | | |
|---|---|---|
| Bifteck de flanc, coupé en biais en lanières très fines de 7,5 cm (3 po) | 8 oz | 225 g |
| Sauce soja à teneur en sel réduite | 1 c. à soupe | 15 mL |
| Gousses d'ail, émincées | 2 | 2 |
| Gingembre frais, émincé | 1 c. à thé | 5 mL |
| Huile végétale | 2 c. à thé | 10 mL |
| Légumes à l'orientale surgelés, préparés (voir remarque) | 1 lb | 454 g |
| Châtaignes d'eau tranchées, égouttées | 8 oz | 227 mL |
| Eau | ½ tasse | 125 mL |
| Sherry (ou sherry sans alcool) | 2 c. à soupe | 30 mL |
| Sauce chili | 2 c. à soupe | 30 mL |
| Sauce soja à teneur en sel réduite | 2 c. à soupe | 30 mL |
| Mélasse de cuisine ou fantaisie | 1 c. à soupe | 15 mL |
| Fécule de maïs | 1 c. à soupe | 15 mL |
| Vermicelles | 8 oz | 225 g |
| Eau bouillante | 2 pte | 2 L |
| Sel | 2 c. à thé | 10 mL |
| Oignons verts, tranchés fin | ¼ tasse | 60 mL |

Combiner le bifteck avec la première quantité de sauce soja, l'ail et le gingembre dans un petit bol. Laisser reposer à la température de la pièce pendant 10 minutes.

Bien réchauffer un wok ou une poêle à frire à revêtement antiadhésif. Y verser l'huile, puis le bifteck et la marinade. Faire revenir rapidement environ 2 minutes, jusqu'à ce que le bifteck soit doré. Ajouter les légumes et les châtaignes. Bien remuer. Couvrir le wok. Cuire pendant 2 minutes. Remuer. Couvrir. Cuire pendant 2 minutes de plus.

Combiner les 6 prochains ingrédients dans un petit bol. Incorporer doucement au bœuf et aux légumes et remuer jusqu'à ce que la préparation bouille et épaississe.

Cuire les pâtes dans l'eau bouillante additionnée du sel dans un faitout pendant 5 à 6 minutes, en remuant de temps en temps, jusqu'à ce qu'elles soient tendres, mais encore fermes. Égoutter. Verser les pâtes dans un plat, puis les garnir du mélange de bœuf. Répandre les oignons verts sur le dessus. Pour 4 personnes.

*1 portion : 447 calories; 7,7 g de matières grasses (2,2 g de gras saturés, 22,9 mg de cholestérol); 645 mg de sodium; 24 g de protéines; 68 g de glucides; 5 g de fibres alimentaires*

Photo à la page 89.

**Remarque :** On peut remplacer les légumes surgelés par environ 1,5 L (6 tasses) de légumes frais étuvés.

# Pastitsio

*Se prononce pâ-STIT-tsi-ô. Cette recette est une variante faible en gras de la version grecque classique. On peut assembler le plat à l'avance et le conserver au réfrigérateur, puis le cuire au moment voulu.*

### SAUCE À LA VIANDE

| | | |
|---|---|---|
| Oignon haché | 1½ tasse | 375 mL |
| Margarine | 1 c. à thé | 5 mL |
| Gousses d'ail, émincées | 2 | 2 |
| Bœuf haché très maigre | ½ lb | 225 g |
| Agneau haché maigre | ½ lb | 225 g |
| Sauce tomate | 14 oz | 398 mL |
| Sel | ¾ c. à thé | 4 mL |
| Origan en feuilles, déshydraté | ¼ c. à thé | 1 mL |
| Cannelle moulue | ⅛ c. à thé | 0,5 mL |
| Feuille de laurier | 1 | 1 |
| Persil frais, haché (ou 15 mL, 1 c. à soupe, de persil déshydraté) | 3 c. à soupe | 50 mL |

### SAUCE ANGLAISE

| | | |
|---|---|---|
| Lait écrémé | 1 tasse | 250 mL |
| Lait écrémé évaporé | 13½ oz | 385 mL |
| Farine tout usage | 3 c. à soupe | 50 mL |
| Sel | ⅛ c. à thé | 0,5 mL |
| Poivre grossièrement moulu | ⅛ c. à thé | 0,5 mL |
| Muscade moulue | 1/16 c. à thé | 0,5 mL |
| Produit d'œufs surgelé, dégelé | 8 oz | 227 mL |
| Macaroni (petites pâtes), 340 g (12 oz) | 3 tasses | 750 mL |
| Eau bouillante | 3 pte | 3 L |
| Sel | 1 c. à soupe | 15 mL |
| Produit de parmesan léger, râpé | ¼ tasse | 60 mL |
| Romano, râpé | 2 c. à soupe | 30 mL |

**Sauce à la viande** : Faire sauter l'oignon dans la margarine dans une grande poêle à revêtement antiadhésif pendant 4 à 5 minutes jusqu'à ce qu'il soit mou et qu'il commence à dorer. Incorporer l'ail, le bœuf haché et l'agneau haché en remuant. Faire sauter pendant 4 à 5 minutes jusqu'à ce que la viande soit dorée.

Incorporer les 5 prochains ingrédients en remuant. Porter à ébullition. Réduire le feu. Laisser mijoter sous couvert partiel pendant 30 minutes. Jeter la feuille de laurier. Incorporer le persil en remuant.

**Sauce anglaise** : Combiner lentement le lait évaporé et le lait avec la farine, au fouet, dans une casserole moyenne jusqu'à ce que la préparation soit lisse. Cuire en remuant constamment jusqu'à ce que la sauce bouille et épaississe. Incorporer le sel, le poivre et la muscade en remuant. Verser le produit d'œufs dans un bol moyen. Incorporer lentement la sauce au fouet dans le produit d'œufs jusqu'à ce que le tout soit lisse.

*(suite...)*

Cuire les pâtes dans l'eau bouillante additionnée du sel dans un faitout pendant 8 minutes, en remuant de temps en temps. Les pâtes ne devraient pas être complètement cuites. Égoutter. Rincer à l'eau tiède. Égoutter.

Verser la ½ des pâtes dans un plat de 22 × 33 cm (9 × 13 po) graissé. Répandre la ½ du parmesan et la ½ du romano sur les pâtes. Ajouter en couches successives la sauce à la viande, le reste des pâtes et la sauce anglaise. Répandre le reste des deux fromages sur le dessus. Cuire au four à découvert à 350 °F (175 °C) pendant 40 minutes, jusqu'à ce que le dessus du plat soit doré et bouillonnant. Laisser le plat reposer pendant 10 à 15 minutes pour qu'il prenne avant de le couper en carrés. Pour 8 personnes.

*1 portion* : *389 calories; 7,9 g de matières grasses (3 g de gras saturés, 43,1 mg de cholestérol); 871 mg de sodium; 30 g de protéines; 49 g de glucides; 2 g de fibres alimentaires*

Photo à la page 54.

# Bifteck au poivre et penne

*Rajouter de la sauce aux piments pour que le plat soit encore plus piquant. La préparation ne prend que 15 minutes.*

| | | |
|---|---|---|
| Bifteck de haut de surlonge, coupé en fines lanières | 1 lb | 454 g |
| Gousses d'ail, émincées | 2 | 2 |
| Sauce hoisin | 2 c. à soupe | 30 mL |
| Huile végétale | 1 c. à thé | 5 mL |
| Poivre | ¼ c. à thé | 1 mL |
| Poivrons verts, rouges, oranges ou jaunes, coupés en fines lanières | 3 | 3 |
| Oignons verts, tranchés | 3 | 3 |
| Consommé de bœuf condensé | 10 oz | 284 mL |
| Chou vert, tranché fin | 4 tasses | 1 L |
| Sauce soja à teneur en sel réduite | ¼ tasse | 60 mL |
| Fécule de maïs | 2 c. à soupe | 30 mL |
| Sauce piquante aux piments | ¼ c. à thé | 1 mL |
| Penne (pâtes en tube moyennes), 340 g (12 oz) | 4 tasses | 1 L |
| Eau bouillante | 4 pte | 4 L |
| Sel | 4 c. à thé | 20 mL |
| Graines de sésame, grillées | 2 c. à thé | 10 mL |

Faire revenir le bifteck, l'ail et la sauce hoisin dans l'huile dans un wok ou une grande poêle à revêtement antiadhésif environ 5 minutes, jusqu'à ce que le bœuf soit doré. Ne pas égoutter. Poivrer.

Ajouter le poivron vert, l'oignon vert et le consommé de bœuf. Porter à ébullition. Couvrir. Laisser mijoter pendant 3 minutes. Incorporer le chou en remuant.

Combiner la sauce soja avec la fécule de maïs et la sauce aux piments dans une petite tasse. Bien mélanger. Ajouter le tout au mélange de chou. Cuire en remuant souvent jusqu'à ce que le liquide soit clair et épais.

Cuire les pâtes dans l'eau bouillante additionnée du sel dans un faitout pendant 12 à 14 minutes, en remuant de temps en temps, jusqu'à ce qu'elles soient tendres, mais encore fermes. Égoutter. Combiner les pâtes avec le mélange de bœuf et de légumes.

Répandre les graines de sésame sur le dessus. Pour 6 personnes.

*1 portion : 386 calories; 5,3 g de matières grasses (1,3 g de gras saturés, 35,9 mg de cholestérol); 997 mg de sodium; 28 g de protéines; 56 g de glucides; 3 g de fibres alimentaires*

Plats de bœuf

# Rotini nappés de sauce au bœuf et aux champignons

*Combiner les pâtes et la sauce avant de servir pour faire plus joli.*

| | | |
|---|---|---|
| Bœuf tendre maigre (haut de surlonge ou filet), tranché en fines lanières | 10 oz | 285 g |
| Huile de cuisson | 1 c. à thé | 5 mL |
| Oignon, haché fin | ¼ tasse | 60 mL |
| Gousses d'ail, émincées | 2 | 2 |
| Gros champignons portobello | 2 | 2 |
| Poivre, une pincée | | |
| Bouillon de bœuf en poudre | 2 c. à thé | 10 mL |
| Lait écrémé | 1 tasse | 250 mL |
| Farine tout usage | 2 c. à soupe | 30 mL |
| Lait écrémé évaporé | ½ tasse | 125 mL |
| Rotini (grosses spirales), 225 g (8 oz) | 3 tasses | 750 mL |
| Eau bouillante | 2 pte | 2 L |
| Sel | 2 c. à thé | 10 mL |

Faire revenir le bœuf, l'oignon et l'ail dans l'huile dans une grande poêle à revêtement antiadhésif environ 3 minutes, jusqu'à ce que l'oignon soit tendre.

Nettoyer les champignons en en ôtant la tige et les « écailles » noires avec un couteau affûté. Les rincer et les sécher avec un essuie-tout. Couper les champignons en dés d'environ 12 mm (½ po) et les ajouter au bœuf. Poivrer. Laisser mijoter, en remuant souvent, environ 2 à 3 minutes, jusqu'à ce que les champignons rendent leur eau. Incorporer le bouillon en poudre en remuant. Laisser mijoter jusqu'à ce que la préparation soit presque sèche.

Combiner le lait et la farine au fouet dans un petit bol jusqu'à ce que la préparation soit lisse. Ajouter ce mélange ainsi que le lait évaporé au contenu de la poêle. Cuire en remuant souvent jusqu'à ce que la préparation bouille et épaississe.

Cuire les pâtes dans l'eau bouillante additionnée du sel dans une grande casserole pendant 10 à 12 minutes, en remuant de temps en temps, jusqu'à ce qu'elles soient tendres, mais encore fermes. Égoutter. Combiner les pâtes et le mélange au bœuf. Pour 4 personnes.

*1 portion : 401 calories; 5,5 g de matières grasses (1,4 g de gras saturés, 36,4 mg de cholestérol); 421 mg de sodium; 27 g de protéines; 57 g de glucides; 3 g de fibres alimentaires*

# Casserole mexicaine

*Ces pâtes assaisonnées au maïs évoquent le Mexique.*

| | | |
|---|---|---|
| Rotini au maïs (spirales), 285 g (10 oz) | 4½ tasses | 1,1 L |
| Eau bouillante | 3 pte | 3 L |
| Sel | 1 c. à soupe | 15 mL |
| Bœuf haché maigre | ¾ lb | 340 g |
| Gousses d'ail, émincées | 2 | 2 |
| Oignons moyens, coupés en deux sur la hauteur et tranchés | 2 | 2 |
| Poivron vert ou rouge, haché | 1 tasse | 250 mL |
| Maïs en grains, en conserve, égoutté (ou 250 mL, 1 tasse, surgelé, dégelé) | 12 oz | 341 mL |
| Piments verts hachés, en conserve, égouttés | 4 oz | 114 mL |
| Tomates broyées en conserve | 14 oz | 398 mL |
| Haricots noirs en conserve, égouttés et rincés | 19 oz | 540 mL |
| Sel | ½ c. à thé | 2 mL |
| Cumin moulu | ¼ c. à thé | 1 mL |
| Coriandre moulue | ¼ c. à thé | 1 mL |
| Piments rouges du Chili broyés | ⅛ c. à thé | 0,5 mL |
| Poivre | ⅛ c. à thé | 0,5 mL |
| Monterey Jack à faible teneur en matières grasses, râpé | 1 tasse | 250 mL |

Cuire les pâtes dans l'eau bouillante additionnée de la première quantité de sel dans un faitout pendant 8 à 10 minutes, en remuant de temps en temps, jusqu'à ce qu'elles soient tendres, mais encore fermes. Égoutter. Rincer à l'eau tiède. Égoutter. Remettre les pâtes dans le faitout.

Faire revenir le bœuf haché, l'ail, l'oignon et le poivron vert dans une grande poêle à revêtement antiadhésif. Égoutter. Ajouter le tout aux pâtes. Bien mélanger.

Ajouter les 9 prochains ingrédients. Bien mélanger. Verser le tout dans une cocotte graissée de 4 L (4 pte). Couvrir. Cuire au four à 350 °F (175 °C) pendant 30 minutes. Découvrir.

Répandre le fromage sur le dessus du plat. Cuire au four à découvert pendant 10 minutes jusqu'à ce que le plat bouillonne et le fromage ait fondu. Pour 6 personnes.

*1 portion : 471 calories; 9,6 g de matières grasses (4,2 g de gras saturés, 41 mg de cholestérol); 672 mg de sodium; 29 g de protéines; 69 g de glucides; excellente source de fibres alimentaires*

Photo à la page 36.

Plats de bœuf

# Fricassée de poulet et de légumes

*Les nouilles au riz sont des longues nouilles transparentes et plates dont la taille varie.*

| | | |
|---|---|---|
| Moitiés de poitrines de poulet, dépouillées et désossées (environ 3), tranchées très fin | ¾ lb | 340 g |
| Gousse d'ail, émincée | 1 | 1 |
| Huile de cuisson | 1 c. à thé | 5 mL |
| Carottes, coupées en fines tranches sur le travers | ⅔ tasse | 150 mL |
| Oignon moyen, coupé en quartiers | 1 | 1 |
| Céleri, coupé en fines tranches sur le travers | ⅔ tasse | 150 mL |
| Poivron vert, rouge, orange ou jaune, coupé en bouchées | ½ | ½ |
| Germes de soja fraîches (285 g, 10 oz) | 4 tasses | 1 L |
| Eau | 1½ tasse | 375 mL |
| Sauce soja à teneur en sel réduite | 3 c. à soupe | 50 mL |
| Bouillon de poulet liquide | 2 c. à thé | 10 mL |
| Sauce aux huîtres | 1 c. à thé | 5 mL |
| Fécule de maïs | 2 c. à soupe | 30 mL |
| Cassonade, une petite pincée | | |
| Poivre | ¹⁄₁₆ c. à thé | 0,5 mL |
| Paquet de nouilles au riz (vendues dans les grands magasins d'alimentation) | ½ × 1 lb | ½ × 454 g |
| Eau bouillante | 2 pte | 2 L |
| Sel | 2 c. à thé | 10 mL |

Faire sauter le poulet et l'ail dans l'huile dans un wok ou une grande poêle à revêtement antiadhésif pendant 4 à 5 minutes jusqu'à ce que le poulet soit complètement cuit. Le retirer avec une écumoire et le réserver dans un bol moyen, en laissant les sucs de cuisson dans la poêle. Verser 10 mL (2 c. à thé) d'eau dans la poêle si celle-ci est sèche.

Incorporer les carottes en remuant. Couvrir. Cuire pendant 1 minute. Ajouter l'oignon, le céleri et le poivron vert. Faire revenir le tout pendant 1 minute. Répandre les germes de soja dans la poêle. Couvrir. Cuire pendant 1 à 2 minutes. Former un puits au centre des légumes.

Combiner les 7 prochains ingrédients dans un autre bol moyen. Mélanger. Verser le tout dans le puits et remuer jusqu'à ce que la sauce soit épaisse et transparente. Ajouter le poulet. Bien remuer.

Cuire les nouilles dans l'eau bouillante additionnée du sel dans une grande casserole pendant 5 minutes, en remuant de temps en temps. Retirer du feu. Laisser reposer 1 minute. Égoutter. Rincer à l'eau tiède. Égoutter. Servir le mélange de poulet sur les nouilles. Pour 4 personnes.

*1 portion : 407 calories; 3,2 g de matières grasses (0,5 g de gras saturés, 49,5 mg de cholestérol); 990 mg de sodium; 28 g de protéines; 66 g de glucides; 3 g de fibres alimentaires*

# Poulet et légumes rôtis

*Le poulet et les légumes sont servis sur un lit de penne. On peut épaissir ou non la sauce.*

| | | |
|---|---|---|
| Moitiés de poitrines de poulet, dépouillées et désossées (environ 4), tranchées en lanières de 6 mm (¼ po) | 1 lb | 454 g |
| Vinaigrette italienne sans matières grasses | ½ tasse | 125 mL |
| Vinaigrette italienne sans matières grasses | ½ tasse | 125 mL |
| Gousse d'ail, émincée | 1 | 1 |
| Basilic déshydraté | ¼ c. à thé | 1 mL |
| Romarin déshydraté, broyé | ⅛ c. à thé | 0,5 mL |
| Gros oignon, coupé en quartiers | 1 | 1 |
| Petits poivrons verts ou rouges, coupés en lanières de 12 mm (½ po) | 2 | 2 |
| Courgette moyenne, non pelée, coupée en tranches de 6 mm (¼ po) | 1 | 1 |
| Tomates italiennes moyennes, coupées en tranches de 12 mm (½ po) | 3 | 3 |
| Huile d'olive | 2 c. à thé | 10 mL |
| Fécule de maïs (facultatif) | 2 c. à thé | 10 mL |
| Vin blanc (ou eau), facultatif | 1 c. à soupe | 15 mL |
| Penne (pâtes en tube moyennes), 225 g (8 oz) | 2⅔ tasses | 650 mL |
| Eau bouillante | 3 pte | 3 L |
| Sel | 1 c. à soupe | 15 mL |

Poivre frais moulu, une pincée
**Produit de parmesan léger, râpé, une pincée (facultatif)**

Combiner le poulet et la première quantité de vinaigrette. Réserver.

Combiner la seconde quantité de vinaigrette, l'ail, le basilic et le romarin dans un grand bol. Ajouter l'oignon, le poivron vert et les courgettes. Remuer jusqu'à ce que les légumes soient légèrement nappés de vinaigrette. Ajouter le poulet. Bien mélanger. Étaler le tout sur une lèchefrite graissée avec de l'huile. Cuire dans le haut du four à 450 °F (230 °C) pendant 10 minutes. Ajouter les tomates. Poursuivre la cuisson pendant 5 à 10 minutes jusqu'à ce que le poulet soit complètement cuit et que les légumes soient tendres, mais encore croquants.

Pour que la sauce soit plus épaisse, délayer la fécule de maïs dans le vin dans une petite casserole. Y ajouter le jus de cuisson du poulet et des légumes. Chauffer, en remuant constamment, jusqu'à ce que la sauce bouille et épaississe. Ajouter la sauce au poulet et aux légumes. Remuer.

Cuire les pâtes dans l'eau bouillante additionnée du sel dans un faitout pendant 8 à 10 minutes, en remuant de temps en temps, jusqu'à ce qu'elles soient tendres, mais encore fermes. Égoutter. Les mêler au poulet et aux légumes.

Poivrer et garnir de parmesan. Donne 1,6 L (6½ tasses) de préparation à servir sur des pâtes. Pour 4 personnes.

*1 portion : 446 calories; 5,2 g de matières grasses (0,9 g de gras saturés, 65,8 mg de cholestérol); 798 mg de sodium; 36 g de protéines; 63 g de glucides; 4 g de fibres alimentaires*

Photo à la page 72 et sur la couverture dos.

# Chili au poulet sur lit de penne

*Le chili servi sur des pâtes est très coloré.*

| | | |
|---|---|---|
| Eau | ¼ tasse | 60 mL |
| Bouillon de poulet en poudre | 1 c. à thé | 5 mL |
| Poudre de chili | ½ c. à thé | 2 mL |
| Cumin moulu | ¼ c. à thé | 1 mL |
| Poivre de Cayenne, une pincée | | |
| Moitiés de poitrines de poulet, dépouillées et désossées (environ 2), coupées en cubes de 2 cm (¾ po) | ¾ lb | 340 g |
| Oignons, coupés en dés | 1½ tasse | 375 mL |
| Grosse carotte, râpée | 1 | 1 |
| Poivron vert, coupé en dés | 1½ tasse | 375 mL |
| Tomates étuvées en conserve, non égouttées, hachées | 14 oz | 398 mL |
| Haricots rouges en conserve, non égouttés | 14 oz | 398 mL |
| Sel | ½ c. à thé | 2 mL |
| Poivre, une pincée | | |
| Poudre de chili | ½ c. à thé | 2 mL |
| Cumin moulu | ¼ c. à thé | 1 mL |
| Penne (pâtes en tube moyennes), 225 g (8 oz) | 2⅔ tasses | 650 mL |
| Eau bouillante | 3 pte | 3 L |
| Sel | 1 c. à soupe | 15 mL |

Combiner les 5 premiers ingrédients dans une grande poêle à revêtement antiadhésif. Porter à ébullition.

Ajouter le poulet, l'oignon et les carottes. Cuire en remuant souvent jusqu'à ce que le liquide soit évaporé et que le poulet soit complètement cuit. Ajouter le poivron vert. Cuire pendant 2 minutes.

Ajouter les tomates et les haricots, puis la première quantité de sel, le poivron et les secondes quantités de poudre de chili et de cumin. Porter à ébullition. Réduire le feu. Laisser mijoter à découvert pendant 1 heure, jusqu'à ce que la préparation épaississe.

Cuire les pâtes dans l'eau bouillante additionnée de la seconde quantité de sel dans un faitout pendant 10 minutes, en remuant de temps en temps, jusqu'à ce qu'elles soient tendres, mais encore fermes. Égoutter. Servir le chili sur les pâtes. Pour 6 personnes.

*1 portion : 312 calories; 2 g de matières grasses (0,4 g de gras saturés, 32,9 mg de cholestérol); 816 mg de sodium; 23 g de protéines; 51 g de glucides; 8 g de fibres alimentaires*

Photo à la page 36.

# Casserole de pâtes et de poulet

*Une bonne casserole simple quand le temps est à la pluie.*

| | | |
|---|---|---|
| Poulet haché maigre | 1 lb | 454 g |
| Gousse d'ail, émincée | 1 | 1 |
| Oignon moyen, haché | 1 | 1 |
| Sel | ½ c. à thé | 2 mL |
| Poivre, une pincée | | |
| Tige de céleri, hachée | 1 | 1 |
| Carotte moyenne, râpée | 1 | 1 |
| Farine tout usage | 2 c. à soupe | 30 mL |
| Petits pois surgelés | 1 tasse | 250 mL |
| Macaroni ou fusilli non cuits (spirales), 113 g (4 oz) | 1 tasse | 250 mL |
| Eau | 1 tasse | 250 mL |
| Bouillon de poulet en poudre | 2 c. à thé | 10 mL |
| Lait écrémé évaporé | ¾ tasse | 175 mL |
| Céréales de flocons de maïs, grossièrement écrasées | ¼ tasse | 60 mL |
| Gruyère à basse teneur en matières grasses | ¼ tasse | 60 mL |

Faire revenir le poulet, l'ail et l'oignon dans une poêle moyenne à revêtement antiadhésif pendant 5 minutes. Saler et poivrer. Ajouter le céleri, les carottes et la farine. Combiner le tout. Cuire environ 1 minute.

Verser la ½ du mélange de poulet dans une cocotte de 2 L (2 pte) graissée. Répandre les petits pois et les macaroni sur le poulet. Réchauffer l'eau, le bouillon en poudre et le lait évaporé dans une petite casserole jusqu'à ce que le liquide frémisse. En verser la ½ sur les macaroni. Étaler le reste du mélange de poulet et le reste de la sauce dans la cocotte. Couvrir. Cuire au four à 350 °F (175 °C) pendant 45 minutes jusqu'à ce que les pâtes soient cuites et qu'il ne reste pratiquement plus de liquide.

Combiner les céréales et le gruyère dans un petit bol. Répandre le tout sur le dessus du plat. Poursuivre la cuisson à découvert, à 350 °F (175 °C), pendant 10 à 15 minutes jusqu'à ce que la garniture soit dorée. Pour 4 personnes.

*1 portion : 382 calories; 5,4 g de matières grasses (1,8 g de gras saturés, 80,3 mg de cholestérol); 967 mg de sodium; 36 g de protéines; 46 g de glucides; 4 g de fibres alimentaires*

# Poulet en sauce avec crêpes aux pâtes

*Chaque crêpe est mince et grande, de la taille d'une poêle moyenne.*

### CRÊPES DE PÂTES

| | | |
|---|---|---|
| Capellini (longues pâtes très fines) | 1 lb | 454 g |
| Eau bouillante | 4 pte | 4 L |
| Sel | 4 c. à thé | 20 mL |
| Farine tout usage | ¼ tasse | 60 mL |
| Oignons verts, tranchés | ¼ tasse | 60 mL |
| Produit d'œufs surgelé, dégelé | ¾ tasse | 175 mL |
| Sauce soja à teneur en sel réduite | 1 c. à soupe | 15 mL |

*(suite...)*

| | | |
|---|---|---|
| Huile de cuisson, en parties | 2 c. à thé | 10 mL |
| **POULET EN SAUCE** | | |
| Moitiés de poitrines de poulet, dépouillées et désossées (environ 4), coupées en fines lanières | 1 lb | 454 g |
| Gousse d'ail, émincée | 1 | 1 |
| Sauce soja à teneur en sel réduite | 1 c. à soupe | 15 mL |
| Sherry (ou sherry sans alcool) | 2 c. à thé | 10 mL |
| Huile de cuisson | 1 c. à thé | 5 mL |
| Champignons frais, tranchés | 2 tasses | 500 mL |
| Germes de soja fraîches (225 g, 8 oz) | 3¼ tasses | 800 mL |
| Bouillon de poulet condensé | 10 oz | 284 mL |
| Sauce soja à teneur en sel réduite | 2 c. à soupe | 30 mL |
| Eau | ¾ tasse | 175 mL |
| Fécule de maïs | 3 c. à soupe | 50 mL |
| Oignons verts, tranchés | ¼ tasse | 60 mL |

**Crêpes de pâtes :** Cuire les pâtes dans l'eau bouillante additionnée du sel dans un faitout pendant 5 à 6 minutes, en remuant de temps en temps. Ne pas les cuire trop longtemps. Les égoutter et les remettre dans le faitout.

Combiner la farine et la première quantité d'oignon vert dans une petite tasse. Répandre le tout sur les pâtes. Bien remuer. Combiner le produit d'œufs avec la sauce soja. Verser le tout sur les pâtes. Bien remuer.

Diviser la préparation en 6 parties. Verser 1 partie de la préparation dans une poêle moyenne à revêtement antiadhésif avec 1 à 2 mL (¼ à ½ c. à thé) d'huile. Presser légèrement le mélange avec une spatule à crêpes graissée pour le tasser. Couvrir. Cuire environ 3 minutes de chaque côté, jusqu'à ce que la crêpe soit dorée et ferme. Cuire ainsi 5 autres crêpes. Les poser sur une plaque à pâtisserie non graissée. Tenir au chaud dans le four à 200 °F (95 °C).

**Poulet en sauce :** Combiner le poulet, l'ail, la première quantité de sauce soja, le sherry et l'huile dans un bol moyen. Laisser mariner à la température de la pièce pendant 10 minutes. Réchauffer un wok ou une grande poêle à revêtement antiadhésif jusqu'à ce qu'il soit très chaud. Y mettre le poulet et la marinade. Faire revenir pendant 2 minutes, jusqu'à ce que le poulet soit séparé, mais pas complètement cuit. Incorporer les champignons et les germes de soja en remuant. Faire revenir pendant 3 minutes. Incorporer le bouillon de poulet et la seconde quantité de sauce soja en remuant.

Combiner l'eau et la fécule de maïs dans un petit bol. Ajouter le tout au mélange de poulet. Remuer jusqu'à ce que la préparation bouille et épaississe.

Incorporer l'oignon vert en remuant. Donne 1,25 L (5 tasses) de poulet en sauce. Servir sur les crêpes. Pour 6 personnes.

*1 portion : 483 calories; 5,4 g de matières grasses (0,8 g de gras saturés, 44,4 mg de cholestérol); 853 mg de sodium; 36 g de protéines; 71 g de glucides; 3 g de fibres alimentaires*

Photo à la page 144.

Plats de poulet **33**

# Poulet et orzo

*Une préparation très simple, qui ne prend que 20 minutes.*

| | | |
|---|---|---|
| Moitiés de poitrines de poulet, dépouillées et désossées (environ 2), tranchées très fin | ½ lb | 225 g |
| Gousses d'ail, émincées | 2 | 2 |
| Huile d'olive | 1 c. à thé | 5 mL |
| Bouillon de poulet condensé | 10 oz | 284 mL |
| Eau | 1 tasse | 250 mL |
| Sauce soja à teneur en sel réduite | 1 c. à soupe | 15 mL |
| Carotte moyenne, coupée en juliennes | 1 | 1 |
| Orzo non cuit (très petites pâtes) | 1 tasse | 250 mL |
| Petite courgette, coupée en juliennes | 1 | 1 |
| Poivron rouge moyen, coupé en quatre sur la longueur et tranché sur la largeur | 1 | 1 |

Faire revenir le poulet et l'ail dans l'huile dans un wok ou une grande poêle à revêtement antiadhésif pendant 5 minutes, jusqu'à ce que le poulet soit presque cuit.

Ajouter les 5 prochains ingrédients. Couvrir. Laisser mijoter pendant 10 minutes.

Incorporer les courgettes et le poivron en remuant. Couvrir. Cuire pendant 5 minutes, jusqu'à ce que les pâtes soient tendres et qu'il ne reste plus de liquide. Pour 4 personnes.

*1 portion : 351 calories; 3,7 g de matières grasses (0,7 g de gras saturés, 33,4 mg de cholestérol); 749 mg de sodium; 26 g de protéines; 52 g de glucides; 3 g de fibres alimentaires*

1. Salade de melon et de prosciutto, page 104
2. Papillons d'été, page 75
3. Pizza à croûte orzo, page 41
4. Pâtes aux poivrons perfection, page 67
5. Salade aux crevettes veloutée, page 95
6. Pâtes perfection de Derrick, page 70

Accessoires fournis par : La Baie
Le Gnome
The Basket House

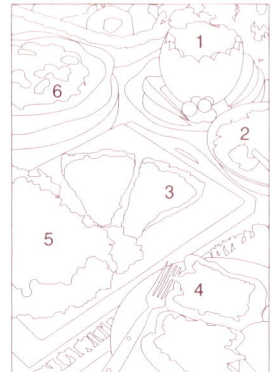

# Poulet et pois pochés sur lit de penne

*Ce plat ressemble à une soupe.*

| | | |
|---|---|---|
| Oignon rouge ou doux, haché | ¼ tasse | 60 mL |
| Gousses d'ail, émincées | 2 | 2 |
| Huile d'olive | 1 c. à thé | 5 mL |
| Moitiés de poitrines de poulet, dépouillées et désossées (environ 4), coupées en bouchées | 1 lb | 454 g |
| Vin blanc (ou vin sans alcool) | 2 c. à soupe | 30 mL |
| Bouillon de poulet condensé | 10 oz | 284 mL |
| Eau | ½ tasse | 125 mL |
| Pois à écosser frais, nettoyés (200 g, 7 oz) | 3 tasses | 750 mL |
| Persil frais, haché | 2 c. à soupe | 30 mL |
| Penne (pâtes en tube moyennes), 225 g (8 oz) | 2⅔ tasses | 650 mL |
| Eau bouillante | 3 pte | 3 L |
| Sel | 1 c. à soupe | 15 mL |
| Poivre frais moulu, une pincée | | |

Faire sauter l'oignon et l'ail dans l'huile dans une grande casserole, en remuant sans arrêt, environ 30 secondes. Régler la chaleur à forte intensité. Ajouter le poulet et le vin. Cuire en remuant souvent environ 5 minutes, jusqu'à ce que tout le liquide se soit évaporé et que le poulet soit doré.

Incorporer le bouillon de poulet, l'eau et les pois en remuant. Laisser mijoter sous couvert environ 4 minutes, jusqu'à ce que les pois soient vert vif et à point. Incorporer le persil en remuant. Garder la préparation au chaud.

Cuire les pâtes dans l'eau bouillante additionnée du sel dans un faitout pendant 8 à 10 minutes, en remuant de temps en temps, jusqu'à ce qu'elles soient tendres, mais encore fermes. Égoutter. Les verser dans 4 bols à pâtes. Napper les pâtes du mélange de poulet. Poivrer. Servir sur-le-champ. Pour 4 personnes.

*1 portion : 405 calories; 4,4 g de matières grasses (0,9 g de gras saturés, 69,2 mg de cholestérol); 556 mg de sodium; 39 g de protéines; 48 g de glucides; 3 g de fibres alimentaires*

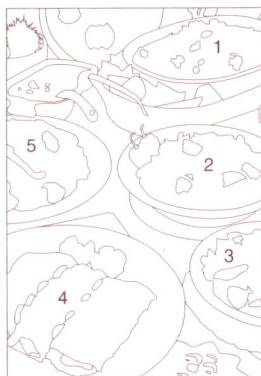

1. Casserole mexicaine, page 28
2. Pâtes pompier de Stephe, page 65
3. Chili au poulet sur lit de penne, page 31
4. Rouleaux de poulet mexicains, page 150
5. Pâtes fajitas au poulet, page 40

Accessoires fournis par : Stokes

Plats de poulet

# Poulet et nouilles à la hongroise

*Pour que le goût soit plus prononcé, on peut essayer du paprika hongrois.*

| | | |
|---|---|---|
| Moitiés de poitrines de poulet, dépouillées et désossées (environ 4), tranchées très fin | 1 lb | 454 g |
| Huile de canola (ou végétale) | 1 c. à thé | 5 mL |
| Gros poivron rouge, coupé en quatre sur la longueur et tranché sur la largeur | 1 | 1 |
| Oignon sucré moyen (espagnol ou blanc), coupé en deux et tranché fin | 1 | 1 |
| Paprika hongrois (ou régulier) | 2 c. à soupe | 30 mL |
| Graines de carvi (facultatif) | 1 c. à thé | 5 mL |
| Vin blanc (ou vin sans alcool) | ½ tasse | 125 mL |
| Lait écrémé évaporé | ½ tasse | 125 mL |
| Farine tout usage | 2 c. à soupe | 30 mL |
| Pâte de tomates | 2 c. à soupe | 30 mL |
| Sel | 1 c. à thé | 5 mL |
| Poivre | ¼ c. à thé | 1 mL |
| Crème sure sans matières grasses | 1 tasse | 250 mL |
| Nouilles larges sans jaune d'œuf (225 g, 8 oz) | 4 tasses | 1 L |
| Eau bouillante | 2 pte | 2 L |
| Sel | 2 c. à thé | 10 mL |

Faire revenir le poulet dans l'huile dans une grande poêle à revêtement antiadhésif pendant 4 minutes. Ajouter le poivron rouge et l'oignon. Faire revenir pendant 5 minutes, jusqu'à ce que le poulet soit complètement cuit et que le poivron soit croquant.

Incorporer le paprika, le carvi et le vin en remuant.

Combiner le lait évaporé et la farine dans une petite tasse. Mélanger jusqu'à ce que la préparation soit lisse. Incorporer au mélange de poulet en remuant. Ajouter la pâte de tomates, la première quantité de sel et le poivre. Remuer jusqu'à ce que le mélange de poulet bouille et épaississe. Retirer du feu. Incorporer la crème sure en remuant. Couvrir pour garder au chaud. Donne 1 L (4 tasses).

Cuire les pâtes dans l'eau bouillante et la seconde quantité de sel dans un faitout environ 9 minutes, en remuant de temps en temps, jusqu'à ce qu'elles soient tendres, mais encore fermes. Égoutter. Verser dans un plat et napper avec le mélange de poulet. Pour 4 personnes.

*1 portion : 455 calories; 4,2 g de matières grasses (0,7 g de gras saturés, 67,1 mg de cholestérol); 830 mg de sodium; 40 g de protéines; 59 g de glucides; 3 g de fibres alimentaires*

# Poulet teriyaki aux pâtes simple

*Le gingembre frais donne du piquant à ce plat.*

| | | |
|---|---|---|
| Sauce soja à teneur en sel réduite | ⅓ tasse | 75 mL |
| Cassonade, tassée | 3 c. à soupe | 50 mL |
| Gingembre frais, râpé | ½ c. à thé | 2 mL |
| Gousses d'ail, émincées | 2 | 2 |
| Moitiés de poitrines de poulet, dépouillées et désossées (environ 3), tranchées très fin | ¾ lb | 340 g |
| Huile de cuisson | 1 c. à thé | 5 mL |
| Poivron rouge moyen, coupé en dés | 1 | 1 |
| Poivron jaune moyen, coupé en dés | 1 | 1 |
| Châtaignes d'eau tranchées en conserve, égouttées | 8 oz | 227 mL |
| Fécule de maïs | 2 c. à soupe | 30 mL |
| Petits morceaux d'ananas en conserve, égouttés, jus réservé | 14 oz | 398 mL |
| Germes de soja fraîches (170 g, 6 oz) | 2½ tasses | 625 mL |
| Oignons verts, tranchés fin | 3 | 3 |
| Capellini (longues pâtes très fines) | 10 oz | 285 g |
| Eau bouillante | 3 pte | 3 L |
| Sel | 1 c. à soupe | 15 mL |

Combiner la sauce soja, la cassonade, le gingembre et l'ail dans une petite tasse. Remuer jusqu'à ce que la cassonade soit dissoute. Mettre les tranches de poulet dans un bol moyen et y verser 50 mL (3 c. à soupe) du mélange de sauce soja. Remuer pour enrober le poulet. Laisser reposer pendant 10 minutes.

Faire sauter le poulet dans l'huile dans une grande poêle à revêtement antiadhésif pendant 2 minutes. Incorporer les poivrons, les châtaignes et l'ananas en remuant. Couvrir. Cuire environ 3 minutes jusqu'à ce que les poivrons soient tendres, mais croquants. Faire un puits au centre de la préparation.

Combiner la fécule de maïs avec le jus d'ananas et le reste du mélange de sauce soja dans un petit bol. Bien mélanger. Verser dans le puits, au centre du mélange de poulet. Répandre les germes de soja et l'oignon vert sur le tout. Ne pas remuer. Couvrir. Cuire environ 2 minutes, jusqu'à ce que la préparation bouille et épaississe. Bien mélanger.

Cuire les pâtes dans l'eau bouillante additionnée du sel dans un faitout pendant 5 à 6 minutes, en remuant de temps en temps, jusqu'à ce qu'elles soient tendres, mais encore fermes. Égoutter. Les rincer à l'eau chaude. Égoutter. Verser les pâtes dans un plat de service. Servir le mélange de poulet sur les pâtes. Pour 6 personnes.

*1 portion* : 369 calories; 2,4 g de matières grasses (0,4 g de gras saturés, 32,9 mg de cholestérol); 626 mg de sodium; 22 g de protéines; 65 g de glucides; 3 g de fibres alimentaires

Photo à la page 71.

# Pâtes fajitas au poulet

*La poêle en fonte permet de saisir le poulet et prête une saveur délicieuse à ce plat.*

| | | |
|---|---|---|
| Bière (ou eau) | ½ tasse | 125 mL |
| Jus et zeste râpé d'une petite lime | | |
| Jus de citron | 1 c. à soupe | 15 mL |
| Gousses d'ail, émincées | 2 | 2 |
| Origan en feuilles, déshydraté, moulu | 1 c. à thé | 5 mL |
| Poudre d'oignon | ½ c. à thé | 2 mL |
| Cumin moulu | ¼ c. à thé | 1 mL |
| Piments rouges du Chili broyés | ½ c. à thé | 2 mL |
| Poivre, grossièrement broyé | ¼ c. à thé | 1 mL |
| Moitiés de poitrines de poulet, dépouillées et désossées (environ 4) | 1 lb | 454 g |
| Sel | ½ c. à thé | 2 mL |
| Sucre granulé, une petite pincée | | |
| Huile de cuisson | 1 c. à thé | 5 mL |
| Huile de cuisson | 1 c. à thé | 5 mL |
| Oignon rouge moyen, coupé en deux sur la hauteur et tranché fin | 1 | 1 |
| Poivrons verts, rouges, oranges ou jaunes, tranchés en fines lanières | 2 | 2 |
| Tomates moyennes, évidées, coupées en dés | 2 | 2 |
| Capellini (longues pâtes très fines) | 10 oz | 285 g |
| Eau bouillante | 3 pte | 3 L |
| Sel | 1 c. à soupe | 15 mL |

Combiner les 9 premiers ingrédients dans un petit bol. Verser la ½ du mélange de bière dans un moule à tarte en verre de 25 cm (10 po). Y mettre le poulet à mariner, en le retournant pour le napper du mélange. Laisser mariner le poulet à la température de la pièce pendant 30 minutes. Saupoudrer la première quantité de sel et le sucre sur le reste du mélange de bière. Remuer pour les dissoudre.

Réchauffer une grande poêle en fonte à feu moyen jusqu'à ce qu'elle soit bien chaude. Y verser la première quantité d'huile. Poser les morceaux de poulet en une couche dans la poêle. Les arroser de 30 mL (2 c. à soupe) de la marinade qui reste dans le moule à tarte et jeter le reste. Couvrir. Cuire pendant 5 minutes. Retourner les morceaux de poulet, couvrir et poursuivre la cuisson pendant 5 minutes. Retourner encore le poulet et le cuire 2 à 3 minutes de plus, jusqu'à ce qu'il soit bien doré et complètement cuit . Couper le poulet en fines tranches sur le travers. Verser les morceaux de poulet et les sucs de cuisson dans un plat et garder le tout au chaud sous couvert.

Verser la seconde quantité d'huile dans la poêle chaude. Y ajouter l'oignon et le poivron vert et les faire revenir pendant 1 minute. Ajouter le reste du mélange de bière. Faire revenir pendant 1 minute, en raclant le fond de la poêle. Mettre le poulet et les sucs dans la poêle, ainsi que les tomates. Remuer jusqu'à ce que les tomates soient chaudes. Verser le tout dans un grand plat de service.

*(suite...)*

Plats de poulet

Cuire les pâtes dans l'eau bouillante additionnée de la seconde quantité de sel dans un faitout environ 5 minutes, en remuant de temps en temps, jusqu'à ce qu'elles soient tendres, mais encore fermes. Égoutter. Les rincer à l'eau chaude. Égoutter. Verser les pâtes sur le mélange de poulet. Bien remuer. Pour 6 personnes.

*1 portion : 312 calories; 3,5 g de matières grasses (0,5 g de gras saturés, 43,9 mg de cholestérol); 285 mg de sodium; 25 g de protéines; 43 g de glucides; 3 g de fibres alimentaires*

Photo à la page 36.

# Pizza à croûte orzo

*Une pizza unique—la croûte est en orzo.*

| | | |
|---|---|---|
| Orzo (très petites pâtes) | 1 tasse | 250 mL |
| Eau bouillante | 4 tasses | 1 L |
| Sel | 1 c. à thé | 5 mL |
| Produit d'œufs surgelé, dégelé | 6 c. à soupe | 100 mL |
| Produit de parmesan léger râpé | 2 c. à soupe | 30 mL |
| Persil en flocons | 2 c. à thé | 10 mL |
| Sauce tomate épicée simple, page 110 (ou sauce spaghetti commerciale sans viande) | 1½ tasse | 375 mL |
| Poulet haché maigre (ou bœuf) | ½ lb | 225 g |
| Sel assaisonné | ½ c. à thé | 2 mL |
| Poivre | ¼ c. à thé | 1 mL |
| Origan en feuilles, déshydraté | ½ c. à thé | 2 mL |
| Poivron vert ou rouge, coupé en rondelles | 1 | 1 |
| Oignon rouge moyen, tranché fin | ½ | ½ |
| Champignons frais, hachés | ⅔ tasse | 150 mL |
| Mozzarella partiellement écrémé, râpé | 1 tasse | 250 mL |

Cuire les pâtes dans l'eau bouillante additionnée du sel dans une grande casserole pendant 12 à 15 minutes, en remuant de temps en temps, jusqu'à ce qu'elles soient tendres, mais encore fermes. Les égoutter et les remettre dans la casserole.

Combiner le produit d'œufs, le parmesan et le persil dans un petit bol. Mélanger. Verser le tout sur les pâtes chaudes. Bien remuer. Presser la préparation dans un moule à pizza profond de 30 cm (12 po) graissé en formant un rebord. Étaler la sauce tomate sur le dessus, en allant presque jusqu'au bord.

Faire revenir le poulet haché, en brisant les gros morceaux, dans une poêle moyenne à revêtement antiadhésif jusqu'à ce qu'il soit complètement cuit. Égoutter. Ajouter le sel assaisonné, le poivre et l'origan. Remuer.

Étaler le poulet sur la sauce tomate. Répandre le poivron vert, l'oignon et les champignons sur le dessus, puis le mozzarella. Cuire au four à 400 °F (205 °C) pendant 20 minutes, jusqu'à ce que le fromage ait fondu et que le rebord soit doré. Couper en 8 pointes.

*1 pointe : 223 calories; 4,6 g de matières grasses (2 g de gras saturés, 27,8 mg de cholestérol); 314 mg de sodium; 16 g de protéines; 29 g de glucides; 2 g de fibres alimentaires*

Photo à la page 35.

# Casserole de poulet au cari

*On devine le cari. La préparation ne prend que 25 minutes.*

| | | |
|---|---|---|
| Penne (pâtes en tube moyennes), 170 g (6 oz) | 2 tasses | 500 mL |
| Eau bouillante | 2 pte | 2 L |
| Sel | 2 c. à thé | 10 mL |
| Moitiés de poitrines de poulet, dépouillées et désossées (environ 3), coupées en bouchées | ¾ lb | 340 g |
| Huile d'olive | 1 c. à thé | 5 mL |
| Pesto aux tomates sèches | 1 c. à soupe | 15 mL |
| Oignon haché | 1 tasse | 250 mL |
| Gousses d'ail, émincées | 2 | 2 |
| Pâte de cari (vendue au rayon des produits importés dans les magasins d'alimentation) | 1 c. à thé | 5 mL |
| Vin blanc (ou vin sans alcool) | ⅓ tasse | 75 mL |
| Eau | ⅓ tasse | 75 mL |
| Bouillon de poulet en poudre | 1 c. à thé | 5 mL |
| Lait écrémé évaporé | 1 tasse | 250 mL |
| Fécule de maïs | 2 c. à thé | 10 mL |
| Tomates, coupées en dés | 1 tasse | 250 mL |
| Chapelure grossière | ⅓ tasse | 75 mL |
| Paprika, une pincée | | |

Cuire les pâtes dans l'eau bouillante additionnée du sel dans un faitout pendant 7 à 8 minutes, en remuant de temps en temps. Les pâtes ne devraient pas être trop cuites et être très fermes. Égoutter.

Faire sauter le poulet dans l'huile dans une grande poêle à revêtement antiadhésif environ 5 minutes, jusqu'à ce qu'il soit doré. Le réserver dans un bol.

Réchauffer le pesto dans la même poêle. Ajouter l'oignon, l'ail et la pâte de cari. Faire sauter pendant 4 minutes, jusqu'à ce que l'oignon soit mou. Incorporer le vin, l'eau et le bouillon en poudre en remuant. Porter à ébullition. Ajouter le poulet. Couvrir. Laisser mijoter pendant 5 minutes.

Combiner le lait évaporé et la fécule de maïs. Bien mélanger. Ajouter le tout au mélange de cari. Remuer jusqu'à ce que la préparation bouille et épaississe légèrement. Incorporer les pâtes en remuant. Verser le tout dans une cocotte de 1,5 L (1½ pte) graissée.

Répandre les tomates et la chapelure sur le dessus du plat. Saupoudrer de paprika. Cuire au four à découvert à 350 °F (175 °C) pendant 30 à 40 minutes, jusqu'à ce que le plat soit chaud. Pour 4 personnes.

*1 portion : 413 calories; 5,2 g de matières grasses (0,9 g de gras saturés, 51,9 mg de cholestérol); 375 mg de sodium; 33 g de protéines; 54 g de glucides; 2 g de fibres alimentaires*

# Pâtes au poulet et aux asperges

*Les poireaux ressemblent à des oignons verts géants. Le poireau est cousin de l'oignon et de l'ail, mais son goût et son odeur sont moins prononcés.*

| | | |
|---|---|---|
| Ditali (petites ou moyennes pâtes), 285g (10 oz) | 2½ tasses | 625 mL |
| Eau bouillante | 2½ pte | 2,5 L |
| Sel | 2½ c. à thé | 12 mL |
| Eau | ¾ tasse | 175 mL |
| Vin blanc (ou vin sans alcool) | ¼ tasse | 60 mL |
| Bouillon de poulet en poudre | 2 c. à thé | 10 mL |
| Poivron moyen, tranché fin | 1 | 1 |
| Asperges fraîches, tranchées en longueurs de 2,5 cm (1 po), huit pointes de 10 cm (4 po) réservées | 1 lb | 454 g |
| Gousses d'ail, émincées | 2 | 2 |
| Lait écrémé évaporé | ¾ tasse | 175 mL |
| Farine tout usage | 2 c. à soupe | 30 mL |
| Poulet cuit, coupé en dés | 2 tasses | 500 mL |
| Produit de parmesan léger râpé | 2 c. à soupe | 30 mL |

Cuire les pâtes dans l'eau bouillante additionnée du sel dans un faitout pendant 9 minutes, en remuant de temps en temps, jusqu'à ce qu'elles soient tendres, mais encore fermes. Égoutter.

Porter l'eau, le vin et le bouillon en poudre à ébullition dans une casserole moyenne. Y ajouter les poireaux et les asperges (sans les pointes réservées) et l'ail. Remuer. Couvrir. Laisser mijoter pendant 10 minutes. Découvrir. Poser les pointes réservées sur le dessus. Couvrir. Poursuivre la cuisson pendant 5 minutes, jusqu'à ce que les pointes d'asperges soient vert vif. Les ôter délicatement avec une écumoire et réserver.

Combiner le lait évaporé avec la farine jusqu'à ce que la préparation soit lisse. Incorporer le tout au mélange d'asperges. Remuer jusqu'à ce que la préparation bouille et épaississe. Incorporer le poulet en remuant. Ajouter les pâtes. Mélanger. Verser le tout dans une cocotte de 3 L (3 pte) graissée. Poser les pointes d'asperges sur le dessus du plat, en les disposant en roue. Répandre le parmesan sur le dessus. Couvrir. Cuire au four à 350 °F (175 °C) pendant 25 à 30 minutes, jusqu'à ce que le plat soit bien chaud et bouillonne. Pour 6 personnes.

*1 portion : 341 calories; 3,3 g de matières grasses (0,9 g de gras saturés, 44,7 mg de cholestérol); 340 mg de sodium; 28 g de protéines; 48 g de glucides; 3 g de fibres alimentaires*

Photo à la page 18.

**Variante :** Remplacer le parmesan par 125 mL (½ tasse) de cheddar léger râpé.

# Fruits et pâtes tièdes

*Un dessert qui fleure le zeste d'orange, au goût très rafraîchissant.*
*On peut l'adapter à sa guise avec d'autres fruits secs.*

| | | |
|---|---|---|
| Jus d'une grosse orange | | |
| Jus d'orange | 1 tasse | 250 mL |
| Sucre granulé | ¼ tasse | 60 mL |
| Fécule de maïs | 4 c. à thé | 20 mL |
| Sel, une petite pincée | | |
| Abricots déshydratés, hachés | 4 | 4 |
| Raisins secs dorés | ¼ tasse | 60 mL |
| Cerises sèches (ou autres fruits secs), hachées | ¼ tasse | 60 mL |
| Zeste râpé fin d'une grosse orange, divisé | | |
| Capellini (longues pâtes très fines) | 6 oz | 170 g |
| Eau bouillante | 2 pte | 2 L |
| Sucre granulé | ¼ tasse | 60 mL |
| Sel, une petite pincée | | |
| Produit d'œufs surgelé, dégelé | 6 c. à soupe | 100 mL |
| Pacanes grillées, hachées fin (ou noix de Grenoble ou noisettes) | 1 c. à soupe | 15 mL |
| Liqueur à saveur de noisette (ou d'amande) | 1 c. à soupe | 15 mL |

Combiner les jus d'orange dans une petite casserole. Mêler la première quantité de sucre, la fécule de maïs et le sel dans une petite tasse. Incorporer aux jus d'orange au fouet.

Ajouter les abricots, les raisins secs, les cerises et la ½ du zeste. Porter à ébullition. Réduire la chaleur et laisser mijoter pendant 5 minutes.

Cuire les pâtes dans l'eau bouillante additionnée des secondes quantités de sucre et de sel dans un faitout pendant 5 à 6 minutes, en remuant de temps en temps, jusqu'à ce qu'elles soient tendres, mais encore fermes. Les égoutter, les rincer à l'eau chaude et les égoutter de nouveau. Garder au chaud.

Ajouter 30 mL (2 c. à soupe) du mélange à l'orange chaud au produit d'œufs dans une petite tasse. Remuer jusqu'à ce que la préparation soit lisse. Incorporer le tout au fouet dans le mélange à l'orange chaud. Fouetter jusqu'à ce que la préparation bouille et épaississe. Retirer du feu.

Incorporer les pacanes et la liqueur en remuant. Verser la préparation sur les pâtes, dans les assiettes. Décorer avec le reste du zeste. Donne 1 L (4 tasses).

*125 mL (½ tasse) : 185 calories; 1,7 g de matières grasses (0,4 g de gras saturés, 0,3 mg de cholestérol); 71 mg de sodium; 5 g de protéines; 40 g de glucides; 3 g de fibres alimentaires*

# Manicotti au chocolat et au fromage

*On peut couper les manicotti en deux pour faire 12 portions. Ce dessert est très riche.*

| | | |
|---|---|---|
| Manicotti | 6 | 6 |
| Eau bouillante | 3 pte | 3 L |
| Sel | ½ c. à thé | 2 mL |
| Crème de cacao blanche | 3 c. à soupe | 50 mL |
| Sachet de gélatine non parfumée | 1 × ¼ oz | 1 × 7 g |
| Fromage cottage en crème sans matières grasses | 1½ tasse | 375 mL |
| Fromage à la crème tartinable sans matières grasses | 8 oz | 225 g |
| Sucre granulé | ⅓ tasse | 75 mL |
| Carrés de chocolat mi-sucré, grossièrement hachés | 2 × 1 oz | 2 × 28 g |
| Noisettes, tranchées, grillées | 2 c. à soupe | 30 mL |
| Framboises surgelées dans un sirop sucré, dégelées, sirop réservé | 15 oz | 425 g |
| Fécule de maïs | 1 c. à soupe | 15 mL |

Cuire les pâtes dans l'eau bouillante additionnée du sel dans un faitout environ 20 minutes, en remuant de temps en temps, jusqu'à ce qu'elles soient tendres, mais encore fermes. Égoutter. Les rincer à l'eau froide pour les refroidir. Égoutter. Laisser les pâtes sécher sur un essuie-tout.

Verser la liqueur dans un petit bol. Répandre la gélatine sur le dessus. Laisser reposer pendant 5 minutes. Remuer. Chauffer au micro-ondes à puissance moyenne (50 %) environ 45 secondes, jusqu'à ce que la gélatine soit dissoute. Laisser refroidir.

Combiner le fromage cottage, le fromage à la crème et le sucre au mélangeur, jusqu'à ce que la préparation soit presque lisse. Ajouter le mélange de gélatine. Combiner. Incorporer le chocolat et les noisettes en pliant. Couvrir. Réfrigérer environ 45 minutes. Donne 750 mL (3 tasses) de garniture. Dresser 125 mL (½ tasse) de garniture dans chaque manicotti, avec une cuillère ou une poche à pâtisserie. Couvrir. Réfrigérer au moins 2 heures.

Combiner le sirop des framboises et la fécule de maïs dans une petite casserole. Chauffer, remuant de temps en temps, jusqu'à ce que la préparation bouille et épaississe. Laisser refroidir quelques instants. Combiner ce liquide aux framboises dans un autre bol. Remuer. Réfrigérer jusqu'à ce que la sauce aux framboises soit froide. En arroser les manicotti. Donne 6 manicotti.

*1 manicotti rempli : 340 calories; 8,2 g de matières grasses (3,9 g de gras saturés, 1,2 mg de cholestérol); 122 mg de sodium; 18 g de protéines; 51 g de glucides; 5 g de fibres alimentaires*

Photo sur la couverture.

# Dessert aux pêches étagé

*Un dessert rond, parfumé aux pêches et à la cannelle. La préparation prend du temps, mais elle est simple et en vaut la peine.*

| | | |
|---|---|---|
| Lait écrémé | 2 tasses | 500 mL |
| Crème anglaise à la vanille en poudre | ¼ tasse | 60 mL |
| Sucre granulé | 3 c. à soupe | 50 mL |
| Lait écrémé évaporé | ½ tasse | 125 mL |
| Essence d'amande | ½ c. à thé | 2 mL |
| Pâte aux œufs maison, page 83 (½ de la recette), voir remarque | ¾ lb | 340 g |
| Cassonade, tassée | 2 c. à soupe | 30 mL |
| Cannelle moulue | ¼ c. à thé | 1 mL |
| Farine tout usage | 2 c. à thé | 10 mL |
| Moitiés de pêches, en conserve, légèrement égouttées (devraient être très humides), coupées en fines tranches | 28 oz | 796 mL |
| Amandes effilées, grillées | 2 c. à soupe | 30 mL |

Chauffer le lait dans une casserole moyenne jusqu'à ce qu'il soit très chaud, mais sans le laisser bouillir. Combiner la crème anglaise en poudre, le sucre et le lait évaporé dans un petit bol. Mélanger jusqu'à ce que la préparation soit lisse. Ajouter cette préparation au lait chaud peu à peu en remuant sans arrêt, jusqu'à ce que la préparation bouille et épaississe. Incorporer l'essence d'amande en remuant. Recouvrir la crème anglaise d'une pellicule plastique pour éviter qu'une peau ne se forme à la surface. Laisser refroidir légèrement.

Diviser la pâte en 3 morceaux. Abaisser chaque morceau en un rond de 20 cm (8 po) très mince. Couvrir la pâte avec un torchon humide.

Combiner la cassonade, la cannelle et la farine dans une petite tasse.

Assembler le dessert en couches successives, dans l'ordre suivant, dans un moule à charnière de 20 cm (8 po) légèrement graissé :

1. ⅓ des pêches tranchées
2. ⅓ du mélange de cassonade
3. 125 mL (½ tasse) de crème anglaise
4. 1 rond de pâte
5. ⅓ des pêches tranchées
6. ⅓ du mélange de cassonade
7. 150 mL (⅔ tasse) de crème anglaise

8. 1 rond de pâte
9. 150 mL (⅔ tasse) de crème anglaise
10. 1 rond de pâte
11. ⅓ des pêches tranchées
12. ⅓ du mélange de cassonade
13. 150 mL (⅔ tasse) de crème anglaise

*(suite...)*

Répandre les amandes sur le dessus. Cuire au four à découvert à 350 °F (175 °C) pendant 40 minutes, jusqu'à ce que le dessert soit pris. Couper en 8 pointes.

*1 pointe : 235 calories; 1,7 g de matières grasses (0,3 g de gras saturés, 1,8 mg de cholestérol); 277 mg de sodium; 9 g de protéines; 47 g de glucides; 2 g de fibres alimentaires*

Photo à la page 71.

**Remarque :** On peut aussi utiliser la pâte au citron et au poivre, page 84, ou la pâte de base, page 86.

# Ambroisie

*Il est préférable de déguster ce dessert fruité, d'un blanc crémeux, dans les trois heures suivant la préparation.*

| | | |
|---|---|---|
| Orzo (très petites pâtes) | ½ tasse | 125 mL |
| Eau bouillante | 2 tasses | 500 mL |
| Sel | ½ c. à thé | 2 mL |
| Salade de fruits, en conserve, non égouttée | 14 oz | 398 mL |
| Guimauves miniatures | 2 tasses | 500 mL |
| Cerises au marasquin, égouttées et coupées en quartiers | 5 | 5 |
| Petite banane, coupée en dés | 1 | 1 |
| Sachet de garniture à dessert (non préparée) | 1 | 1 |
| Lait écrémé | ⅓ tasse | 75 mL |
| Essence d'amande (ou de vanille) | ½ c. à thé | 2 mL |
| Amandes tranchées, grillées (facultatif) | 2 c. à soupe | 30 mL |

Cuire les pâtes dans l'eau bouillante additionnée du sel dans une casserole moyenne environ 10 minutes, en remuant de temps en temps, jusqu'à ce qu'elles soient tendres, mais encore fermes. Les égoutter et les rincer à l'eau froide. Égoutter de nouveau.

Combiner la salade de fruit, les guimauves, les cerises et les bananes dans un grand bol. Incorporer les pâtes en remuant. Couvrir. Réfrigérer pendant 2 heures, jusqu'à ce qu'il ne reste plus de jus.

Battre la garniture à dessert avec le lait et l'essence d'amande dans un petit bol à haute vitesse environ 2 minutes jusqu'à ce que la préparation soit très ferme. Incorporer la garniture au mélange de fruits en pliant.

Décorer de tranches d'amandes avant de servir. Donne 1,5 L (6 tasses).

*125 mL (½ tasse) : 112 calories; 1,6 g de matières grasses (1,3 g de gras saturés, 0,2 mg de cholestérol); 17 mg de sodium; 2 g de protéines; 23 g de glucides; 1 g de fibres alimentaires*

Photo à la page 90.

# Tourte au saumon étagée

*Une agréable variante de la forme traditionnelle des lasagnes. Le plat est crémeux.*

### SAUCE AU SAUMON

| | | |
|---|---|---|
| Oignon, haché fin | 1 tasse | 250 mL |
| Céleri, haché fin | ½ tasse | 125 mL |
| Petite gousse d'ail, émincé | 1 | 1 |
| Poivrons verts ou rouges, hachés fin | ½ tasse | 125 mL |
| Margarine | 2 c. à thé | 10 mL |
| Vin blanc (ou vin sans alcool) | 2 c. à soupe | 30 mL |
| Tomates broyées, en conserve | 14 oz | 398 mL |
| Sauce chili | ⅓ tasse | 75 mL |
| Persil frais, haché (ou 10 mL, 2 c. à thé, déshydraté) | 2 c. à soupe | 30 mL |
| Sucre granulé | ½ c. à thé | 2 mL |
| Thym déshydraté | ½ c. à thé | 2 mL |
| Saumon poché émietté (voir remarque) | 2 tasses | 500 mL |

### SAUCE AU FROMAGE

| | | |
|---|---|---|
| Lait écrémé évaporé | 1 tasse | 250 mL |
| Farine tout usage | ¼ tasse | 60 mL |
| Cheddar à basse teneur en matières grasses, râpé | 1 tasse | 250 mL |
| Fromage cottage à la crème sans matières grasses | 1 tasse | 250 mL |
| Produit d'œufs surgelé, dégelé | 6 c. à soupe | 100 mL |
| Sel ½ c. à thé | 2 mL | |
| Lasagnes | 9 | 9 |
| Eau bouillante | 4 pte | 4 L |
| Sel | 4 c. à thé | 20 mL |

Paprika, une pincée

**Sauce au saumon :** Faire sauter l'oignon, le céleri, l'ail et le poivron vert dans la margarine dans une grande poêle à revêtement antiadhésif jusqu'à ce que l'oignon soit mou. Incorporer le vin en remuant. Laisser mijoter sous couvert environ 3 minutes. Incorporer les tomates, la sauce chili, le persil, le sucre et le thym en remuant. Laisser mijoter, sous couvert partiel, pendant 10 minutes. Retirer du feu. Réserver 60 mL (¼ tasse) de la sauce. Incorporer le saumon au reste. Donne 900 mL (3⅔ tasses) de sauce.

**Sauce au fromage :** Combiner le lait évaporé avec la farine au fouet dans une casserole moyenne jusqu'à ce que la préparation soit lisse. Cuire en remuant constamment jusqu'à ce que la préparation bouille et épaississe. Retirer du feu. Incorporer le cheddar en remuant jusqu'à ce qu'il ait fondu. Combiner le fromage cottage avec le produit d'œufs et le sel dans un petit bol. Incorporer à la sauce au fromage et remuer pour combiner le tout. Donne 650 mL (2⅔ tasses) de sauce.

*(suite...)*

Cuire les pâtes dans l'eau bouillante additionnée du sel dans un faitout pendant 8 à 10 minutes, en remuant de temps en temps, jusqu'à ce qu'elles soient tendres, mais encore fermes. Égoutter.

Graisser légèrement un moule à charnière de 25 cm (10 po) et y assembler le plat dans cet ordre :

1.  Sauce tomate réservée

2.  3 lasagnes, taillées de la dimension du moule

3.  ½ de la sauce au saumon

4.  ⅓ de la sauce au fromage

5.  3 lasagnes, taillées de la dimension du moule

6.  Reste de la sauce au saumon

7.  ⅓ de la sauce au fromage

8.  3 dernières lasagnes et les retailles, disposées pour couvrir le plat

9.  Reste de la sauce au fromage

10. Pincée de paprika

Bien couvrir le plat avec un papier d'aluminium légèrement graissé. Cuire au four à 350 °F (175 °C) pendant 55 à 60 minutes, jusqu'à ce que le plat soit chaud et commence à bouillonner. Retirer le papier d'aluminium. Cuire au four pendant 10 minutes pour saisir la couche supérieure de sauce au fromage. Laisser reposer pendant 10 minutes, puis passer une spatule entre la préparation et le tour du moule. Retirer l'anneau du moule. Couper en 8 pointes.

*1 pointe : 330 calories; 6,6 g de matières grasses (2,7 g de gras saturés, 55,7 mg de cholestérol); 663 mg de sodium; 34 g de protéines; 33 g de glucides; 2 g de fibres alimentaires*

Photo à la page 54.

**Remarque :** On peut remplacer le saumon frais poché par 2 boîtes (de 185 g, 6½ oz) de saumon emmietté, égoutté, avec la peau et les arêtes enlevés.

*conseil* *Pour que le basilic frais garde sa couleur, le mettre dans l'eau et le conserver sur le comptoir pendant cinq jours. Le basilic brunit si on le range au réfrigérateur.*

# Pâtes et moules à la crème

*Cette sauce peu épaisse est riche et crémeuse.*

| | | |
|---|---|---|
| Penne (pâtes en tube moyennes), 285 g (10 oz) | 3½ tasses | 875 mL |
| Eau bouillante | 4 pte | 4 L |
| Sel | 4 c. à thé | 20 mL |
| Grosses gousses d'ail, émincées | 3 | 3 |
| Oignon, haché fin | ½ tasse | 125 mL |
| Piments rouges du Chili broyés | ⅛ c. à thé | 0,5 mL |
| Poivre de Cayenne | 1/16 c. à thé | 0,5 mL |
| Huile d'olive | 2 c. à thé | 10 mL |
| Poivrons rouges en conserve, égouttés et coupés en petits dés | 14 oz | 398 mL |
| Vin blanc (ou vin sans alcool) | ½ tasse | 125 mL |
| Fromage à la crème tartinable léger | 2 c. à soupe | 30 mL |
| Moules fraîches (environ 30), débarrassées des filaments et brossées (voir remarque) | 2¼ lb | 1 kg |
| Oignons verts, tranchés | 2 | 2 |
| Persil frais, haché | 2 c. à soupe | 30 mL |

Cuire les pâtes dans l'eau bouillante additionnée du sel dans un faitout pendant 10 à 12 minutes, en remuant de temps en temps, jusqu'à ce qu'elles soient tendres, mais encore fermes. Égoutter. Rincer à l'eau tiède. Égoutter. Faire sauter l'ail, l'oignon, les piments et le cayenne dans l'huile dans un grand wok à revêtement antiadhésif pendant 2 minutes, jusqu'à ce que l'oignon soit mou. Ajouter le poivron rouge. Faire sauter pendant 2 minutes.

Incorporer le vin et le fromage à la crème en remuant. Porter à ébullition. Ajouter les moules. Couvrir et laisser mijoter pendant 3 minutes, jusqu'à ce que les moules s'ouvrent. Ajouter les pâtes, l'oignon vert et le persil. Remuer doucement. Couvrir. Cuire pendant 1 minute, le temps de réchauffer les pâtes. Jeter les moules qui ne se sont pas ouvertes. Servir sur-le-champ. Pour 4 personnes.

**Remarque** : Avant la cuisson, jeter les moules qui sont ouvertes ou qui ne se referment pas quand on les frappe d'un coup sec.

*1 portion : 395 calories; 6 g de matières grasses (1,4 g de gras saturés, 18,5 mg de cholestérol); 313 mg de sodium; 17 g de protéines; 62 g de glucides; 3 g de fibres alimentaires*

Photo à la page 53.

# Paella aux pâtes

*La paella (pa-É-la) est un plat d'origine espagnole qui doit son nom au récipient*
*à deux poignées dans lequel on la préparait et on la servait à l'origine.*

| | | |
|---|---|---|
| Moitiés de poitrines de poulet, dépouillées et désossées (environ 2), coupées en dés de 2 cm (¾ po) | ½ lb | 225 g |
| Huile d'olive | 1 c. à thé | 5 mL |
| Grosses gousses d'ail, émincées | 3 | 3 |
| Oignons moyens, hachés | 2 | 2 |
| Piments rouges du Chili broyés | ½ c. à thé | 2 mL |
| Huile d'olive | 1 c. à thé | 5 mL |
| Poivron rouges, coupés en dés | 2 | 2 |
| Tomates en dés, en conserve, non égouttées | 28 oz | 796 mL |
| Bouillon de poulet condensé | 10 oz | 284 mL |
| Eau chaude | 2 tasses | 500 mL |
| Liquide réservé des palourdes | | |
| Sel | 1 c. à thé | 5 mL |
| Poivre grossièrement moulu | ½ c. à thé | 2 mL |
| Graines de safran broyées | ¼ c. à thé | 1 mL |
| Origan en feuilles, déshydraté | ¼ c. à thé | 1 mL |
| Orzo non cuit (très petites pâtes) | 2 tasses | 500 mL |
| Petites palourdes en conserve, égouttées, liquide réservé | 5 oz | 142 g |
| Moules fraîches (environ 15), débarrassées des filaments et brossées (voir remarque) | 1 lb | 454 g |
| Crevettes moyennes, cuites | 5 oz | 140 g |
| Petits pois surgelés, dégelés | 1 tasse | 250 mL |

Faire sauter le poulet dans la première quantité d'huile dans une grande poêle à revêtement antiadhésif ou dans un faitout jusqu'à ce qu'il soit légèrement doré. Le réserver dans un petit bol.

Faire sauter l'ail, l'oignon et les piments dans la seconde quantité d'huile pendant 3 minutes jusqu'à ce que l'oignon soit mou. Ajouter le poivron rouge. Faire sauter pendant 2 minutes.

Ajouter les tomates, le bouillon de poulet, l'eau chaude, le liquide des palourdes, le sel, le poivre, le safran et l'origan. Porter à ébullition.

Ajouter l'orzo et le poulet. Couvrir. Laisser mijoter pendant 15 minutes.

Ajouter les palourdes et les moules. Couvrir. Laisser mijoter pendant 3 minutes. Ajouter les crevettes et les petits pois. Remuer. Couvrir. Laisser mijoter environ 3 minutes, jusqu'à ce que la paella soit chaude. Jeter les moules qui ne se sont pas ouvertes. Pour 8 personnes.

*1 portion : 382 calories; 4 g de matières grasses (0,7 g de gras saturés, 62,1 mg de cholestérol); 901 mg de sodium; 27 g de protéines; 59 g de glucides; 4 g de fibres alimentaires*
Photo à la page 71.

**Remarque** : Avant la cuisson, jeter les moules qui sont ouvertes ou qui ne se referment pas quand on les frappe d'un coup sec.

# Linguine au saumon fumé et aux olives

*Un plat simple et rapide. Le goût de l'ail et du vin relève celui du saumon.*

| | | |
|---|---|---|
| Gousse d'ail, émincée | 1 | 1 |
| Oignon, haché fin | ¼ tasse | 60 mL |
| Huile d'olive | 1 c. à thé | 5 mL |
| Saumon fumé, coupé en dés ou lanières | 5 oz | 140 g |
| Eau | ¼ tasse | 60 mL |
| Vin blanc (ou vin sans alcool) | ¼ tasse | 60 mL |
| Persil frais, haché (ou 5 mL, 1 c. à thé, déshydraté) | 1 c. à soupe | 15 mL |
| Aneth frais, haché fin (ou 2 mL, ½ c. à thé, déshydraté) | 1½ c. à thé | 7 mL |
| Bouillon de fruits de mer (ou de légumes) en poudre | ½ c. à thé | 2 mL |
| Poivre frais moulu, une pincée | | |
| Piments rouges du Chili broyés, une pincée | | |
| Olives mûres, dénoyautées, hachées | 1 c. à soupe | 15 mL |
| Linguine (longues pâtes plates) | 8 oz | 225 g |
| Eau bouillante | 2 pte | 2 L |
| Sel | 2 c. à thé | 10 mL |

Faire sauter l'ail et l'oignon dans l'huile dans une poêle moyenne environ 2 minutes jusqu'à ce que l'oignon soit mou.

Incorporer les 9 prochains ingrédients en remuant. Couvrir. Garder au chaud à feu doux.

Cuire les pâtes dans l'eau bouillante additionnée du sel dans un faitout pendant 8 à 10 minutes, en remuant de temps en temps, jusqu'à ce qu'elles soient tendres, mais encore fermes. Égoutter. Les remettre dans le faitout et y ajouter la sauce. Remuer pour combiner le tout. Servir sur-le-champ. Pour 4 personnes.

*1 portion* : 280 calories; 3,8 g de matières grasses (0,7 g de gras saturés, 8,1 mg de cholestérol); 799 mg de sodium; 14 g de protéines; 44 g de glucides; 2 g de fibres alimentaires

Photo à la page 53.

1. Linguine au saumon fumé et aux olives, ci-dessus
2. Pâtes et moules à la crème, page 50
3. Sauce potagère à l'ail et aux crevettes, page 112
4. Cannelloni St-Jacques, page 140

Accessoires fournis par : Stokes
The Basket House

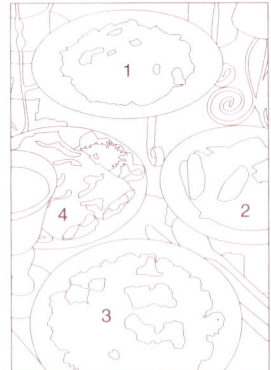

# Scampis des anges

*Une sauce rafraîchissante à l'ail, au citron et au vin.*

| | | |
|---|---|---|
| Capellini (longues pâtes très fines) | 8 oz | 225 g |
| Eau bouillante | 2 pte | 2 L |
| Sel | 2 c. à thé | 10 mL |
| Gousses d'ail, hachées fin | 3 | 3 |
| Huile d'olive | 1 c. à thé | 5 mL |
| Eau | 1 tasse | 250 mL |
| Bouillon de fruits de mer en poudre | 1 c. à soupe | 15 mL |
| Sucre granulé | 1½ c. à soupe | 25 mL |
| Vin blanc (ou vin sans alcool) | ½ tasse | 125 mL |
| Fécule de maïs | 2 c. à soupe | 30 mL |
| Zeste de citron râpé | 4 c. à thé | 20 mL |
| Ciboulette fraîche, tranchée fin | 2 c. à soupe | 30 mL |
| Grosses crevettes cuites, écalées et nettoyées | 12 oz | 340 g |
| Poivre frais moulu, une pincée | | |

Cuire les pâtes dans l'eau bouillante additionnée du sel dans un faitout pendant 5 minutes, en remuant de temps en temps, jusqu'à ce qu'elles soient tendres, mais encore fermes. Égoutter. Les remettre dans le faitout et garder au chaud.

Faire sauter l'ail dans l'huile dans une poêle moyenne à revêtement antiadhésif jusqu'à ce qu'il soit mou. Ajouter l'eau, le bouillon en poudre et le sucre. Chauffer à découvert jusqu'à ce que la préparation mijote.

Combiner le vin et la fécule de maïs dans une petite tasse, puis ajouter le tout au mélange d'ail. Remuer jusqu'à ce que la sauce bouille et épaississe légèrement. Retirer du feu.

Incorporer le zeste, la ciboulette et les crevettes en remuant. Réchauffer pendant 1 minute, puis verser la sauce sur les pâtes. Remuer. Poivrer. Pour 4 personnes.

*1 portion : 371 calories; 3,2 g de matières grasses (0,6 g de gras saturés, 166 mg de cholestérol); 643 mg de sodium; 26 g de protéines; 53 g de glucides; 2 g de fibres alimentaires*

Photo à la page 72.

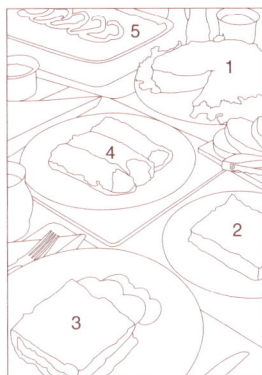

1. Tourte au saumon étagée, page 48
2. Lasagne aux fruits de mer, page 56
3. Pastitsio, page 24
4. Manicotti aux poireaux et aux épinards, page 138
5. Lasagne végétarienne, page 68

Accessoires fournis par : Eaton
La Baie
Stokes

# Lasagne aux fruits de mer

*Ce plat dégage une odeur succulente en cuisant. La sauce regorge de fruits de mer.*

| | | |
|---|---|---|
| Oignon, haché fin | 1½ tasse | 375 mL |
| Gousse d'ail, émincée | 1 | 1 |
| Margarine | 2 c. à thé | 10 mL |
| Vin blanc (ou vin sans alcool) | ½ tasse | 125 mL |
| Farine tout usage | ⅓ tasse | 75 mL |
| Fécule de maïs | 2 c. à soupe | 30 mL |
| Bouillon de fruits de mer en poudre | 4 c. à thé | 20 mL |
| Persil en flocons | 1 c. à soupe | 15 mL |
| Poudre d'oignon | ½ c. à thé | 2 mL |
| Poudre d'ail | ¼ c. à thé | 1 mL |
| Lait écrémé évaporé | 13½ oz | 385 mL |
| Lait écrémé | 2½ tasses | 625 mL |
| Sauce piquante aux piments | ¼ c. à thé | 1 mL |
| Petites crevettes cuites, écalées et nettoyées | 8 oz | 225 g |
| Petits pétoncles cuits (voir remarque) | 8 oz | 225 g |
| Chair de crabe en conserve, égouttée, cartilage ôté | 2 × 4 oz | 2 × 113 g |
| Lasagnes aux épinards | 9 | 9 |
| Eau bouillante | 4 pte | 4 L |
| Sel | 4 c. à thé | 20 mL |
| Mozzarella partiellement écrémé, râpé | ⅓ tasse | 75 mL |
| Cheddar à basse teneur en matières grasses, râpé | ⅓ tasse | 75 mL |

Faire sauter l'oignon et l'ail dans la margarine dans une poêle moyenne pendant 3 minutes jusqu'à ce qu'ils commencent à ramollir. Incorporer le vin en remuant. Cuire à découvert pendant 10 minutes, jusqu'à ce que le liquide se soit évaporé et que l'oignon soit très mou.

Combiner les 6 prochains ingrédients dans une casserole moyenne. Incorporer lentement le lait évaporé et le lait au fouet, jusqu'à ce que la préparation soit lisse. Cuire en remuant constamment jusqu'à ce que la préparation bouille et épaississe. Incorporer la sauce aux piments et le mélange d'oignon en remuant.

Prélever 125 mL (½ tasse) de sauce. L'étaler dans un plat de 22 × 33 cm (9 × 13 po) légèrement graissé. Dans 3 petits bols, combiner le ⅓ (environ 500 mL, 2 tasses) du reste de la sauce avec les crevettes, le ⅓ (environ 500 mL, 2 tasses) avec les pétoncles et le ⅓ (environ 500 mL, 2 tasses) avec le crabe.

Cuire les lasagnes dans l'eau bouillante additionnée du sel dans un faitout pendant 10 minutes, en remuant de temps en temps, jusqu'à ce qu'elles soient fermes. Égoutter et rincer à l'eau froide. Poser 3 lasagnes sur la sauce, dans le plat. Étaler la sauce mêlée aux crevettes sur les lasagnes. La couvrir avec 3 autres lasagnes. Étaler la sauce mêlée aux pétoncles sur celles-ci. Ajouter encore 3 lasagnes, puis la sauce mêlée au crabe.

Répandre les deux fromages sur le dessus. Recouvrir le plat avec un papier d'aluminium légèrement graissé. Cuire au four à 350 °F (175 °C) pendant 45 minutes. Retirer le papier d'aluminium. Cuire au four à découvert pendant 10 à 15 minutes pour dorer le fromage. Laisser la lasagne reposer pendant 15 minutes pour qu'elle prenne avant de la couper. Pour 8 personnes.

*(suite...)*

*1 portion : 285 calories; 3,8 g de matières grasses (1,5 g de gras saturés, 32,5 mg de cholestérol); 702 mg de sodium; 22 g de protéines; 37 g de glucides; 3 g de fibres alimentaires*

Photo à la page 54.

**Remarque :** Pour pocher les pétoncles, combiner 75 mL (⅓ tasse) d'eau, 75 mL (⅓ tasse) de vin blanc (ou de vin sans alcool) et 1 feuille de laurier dans une petite casserole. Laisser les pétoncles mijoter pendant 1 à 2 minutes, jusqu'à ce qu'ils soient tout juste opaques. Égoutter. Jeter la feuille de laurier.

# Cari aux fruits de mer simple

*Le cari relève parfaitement le goût délicat des fruits de mer.*

| | | |
|---|---|---|
| Grosses coquilles (pas géantes) (225 g, 8 oz) | 3 tasses | 750 mL |
| Eau bouillante | 3 pte | 3 L |
| Sel | 1 c. à soupe | 15 mL |
| Margarine de régime | 1 c. à soupe | 15 mL |
| Pâte de cari (vendue au rayon des produits importés dans les magasins d'alimentation) | 1½ c. à thé | 7 mL |
| Farine tout usage | 2 c. à soupe | 30 mL |
| Lait écrémé évaporé | 13½ oz | 385 mL |
| Lait écrémé | ½ tasse | 125 mL |
| Bouillon de fruits de mer (ou de poulet) en poudre | 1 c. à thé | 5 mL |
| Fromage à la crème tartinable sans matières grasses | ¼ tasse | 60 mL |
| Assortiment de fruits de mer cuits, coupés en bouchées (395 g, 14 oz) | 3 tasses | 750 mL |
| Piment doux, haché (ou chapelure grossière), pour garnir (facultatif) | | |

Cuire les pâtes dans l'eau bouillante additionnée du sel dans un faitout pendant 8 à 10 minutes, en remuant de temps en temps, jusqu'à ce qu'elles soient tendres, mais encore fermes. Égoutter. Les remettre dans le faitout pour les garder au chaud.

Faire fondre la margarine et la pâte de cari dans une grande casserole. Ajouter la farine. Bien mélanger. Incorporer lentement le lait évaporé et le lait au fouet, jusqu'à ce que la préparation soit lisse. Cuire en remuant constamment jusqu'à ce que la préparation bouille et épaississe légèrement. Incorporer en remuant le bouillon en poudre et le fromage à la crème.

Incorporer les fruits de mer en remuant. Verser la préparation sur les pâtes et l'incorporer en pliant. Verser le tout dans une cocotte de 2 L (2 pte) graissée. Décorer avec le piment doux. Couvrir. Cuire au four à 350 °F (175 °C) pendant 30 minutes, jusqu'à ce que le plat soit bien chaud et bouillonne. Pour 4 personnes.

*1 portion : 451 calories; 4,3 g de matières grasses (0,8 g de gras saturés, 107,9 mg de cholestérol); 771 mg de sodium; 39 g de protéines; 62 g de glucides; 2 g de fibres alimentaires*

# Fricassée de poisson asiatique

*La sauce hoisin (OY-sine) est aussi appelée sauce de Pékin. Elle
est très utilisée dans la cuisine chinoise. On la trouve dans les marchés
asiatiques et dans bien des grands magasins d'alimentation.*

| | | |
|---|---|---|
| Sauce hoisin | ¼ tasse | 60 mL |
| Miel liquide | 2 c. à soupe | 30 mL |
| Piments rouges du Chili broyés | ¼ à ½ c. à thé | 1 à 2 mL |
| Coriandre moulue | ⅛ c. à thé | 0,5 mL |
| Vinaigre de riz | 2 c. à soupe | 30 mL |
| Fécule de maïs | 1 c. à soupe | 15 mL |
| Huile de sésame | 1 c. à thé | 5 mL |
| Filets de morue sans arêtes, coupés en morceaux de 3,8 cm (1½ po) | 1 lb | 454 g |
| Huile de sésame | 1 c. à thé | 5 mL |
| Gros oignon, tranché sur la hauteur en quartiers fin | 1 | 1 |
| Gros poivron vert, rouge, orange ou jaune, coupé en fines lanières | 1 | 1 |
| Chou vert, grossièrement déchiqueté | 2 tasses | 500 mL |
| Graines de sésame grillées (facultatif) | 2 c. à thé | 10 mL |
| Vermicelles (longues pâtes très fines), brisés en trois | 8 oz | 225 g |
| Eau bouillante | 2 pte | 2 L |
| Sel | 2 c. à thé | 10 mL |

Combiner les 6 premiers ingrédients dans un petit bol.

Réchauffer la première quantité d'huile dans un grand wok ou une grande poêle à revêtement antiadhésif. Y mettre la morue. Cuire pendant 2 minutes. Retourner délicatement les filets et les cuire de l'autre côté pendant 2 minutes, jusqu'à ce que le poisson s'effeuille facilement. Le réserver sur une assiette.

Réchauffer la seconde quantité d'huile dans la même poêle. Faire sauter l'oignon, le poivron vert et le chou pendant 5 minutes jusqu'à ce qu'ils soient tendres, mais encore croquants. Ajouter le mélange de sauce hoisin. Chauffer en remuant sans arrêt jusqu'à ce que la préparation bouille et épaississe légèrement. Ajouter la morue. Remuer délicatement pour napper les filets de sauce. Garnir de graines de sésame. Donne 1,25 L (5 tasses).

Cuire les pâtes dans l'eau bouillante additionnée du sel dans un faitout pendant 5 à 6 minutes, en remuant de temps en temps, jusqu'à ce qu'elles soient tendres, mais encore fermes. Égoutter. Verser les pâtes dans un plat de service. Disposer les filets et la sauce sur les pâtes. Pour 6 personnes.

*1 portion : 310 calories; 6,2 g de matières grasses (1,1 g de gras saturés, 32,5 mg de cholestérol); 528 mg de sodium; 17 g de protéines; 47 g de glucides; 3 g de fibres alimentaires*

Photo à la page 89.

# Pâtes aux champignons et aux asperges

*Toutes les pâtes moyennes ou longues conviennent dans ce plat.*

| | | |
|---|---|---|
| Asperges, coupées sur la diagonale en longueurs de 2,5 cm (1 po) | 1 lb | 454 g |
| Eau | 2 c. à soupe | 30 mL |
| Oignon haché | ½ tasse | 125 mL |
| Gousse d'ail, émincée | 1 | 1 |
| Margarine | 1 c. à thé | 5 mL |
| Champignons frais, tranchés | 3 tasses | 750 mL |
| Sel | ¾ c. à thé | 4 mL |
| Poivre frais moulu, une pincée | | |
| Produit d'œufs surgelé, dégelé | 6 c. à soupe | 100 mL |
| Lait écrémé évaporé | ½ tasse | 125 mL |
| Produit de parmesan léger râpé | 2 c. à soupe | 30 mL |
| Penne (pâtes en tube moyennes), 285 g (10 oz) | 3½ tasses | 875 mL |
| Eau bouillante | 4 pte | 4 L |
| Sel | 4 c. à thé | 20 mL |
| Pignons grillés, grossièrement hachés (facultatif) | 2 c. à thé | 10 mL |

Verser les asperges et l'eau dans un plat pour le micro-ondes de 1 L (1 pte). Couvrir. Cuire à puissance maximale (100 %) environ 5 minutes, jusqu'à ce que les asperges soient tout juste tendres. Égoutter et garder au chaud.

Faire sauter l'oignon et l'ail dans la margarine dans une poêle moyenne à revêtement antiadhésif pendant 2 minutes. Ajouter les champignons. Faire sauter environ 4 minutes. Poursuivre la cuisson jusqu'à ce que le liquide se soit évaporé et que les champignons soient dorés. Ajouter la première quantité de sel et le poivre. Remuer. Garder au chaud.

Battre le produit d'œufs avec le lait évaporé et le fromage dans un petit bol.

Cuire les pâtes dans l'eau bouillante additionnée de la seconde quantité de sel dans un faitout pendant 8 à 10 minutes, en remuant de temps en temps, jusqu'à ce qu'elles soient tendres, mais encore fermes. Les égoutter et les remettre dans le faitout. Ajouter le mélange de lait. Remuer. Ajouter les asperges, le mélange de champignons et les pignons. Bien combiner le tout, jusqu'à ce qu'il ne reste plus de liquide. Servir sur-le-champ. Pour 8 personnes.

*1 portion : 182 calories; 1,4 g de matières grasses (0,3 g de gras saturés, 1,2 mg de cholestérol); 334 mg de sodium; 10 g de protéines; 33 g de glucides; 2 g de fibres alimentaires*

# Fricassée de courgettes au pesto

*La jolie sauce verte nappe à merveille les pâtes.*

| | | |
|---|---|---|
| Courgettes moyennes, non pelées, râpées | 4 | 4 |
| Sel | 2 c. à thé | 10 mL |
| Pesto au basilic, page 78 (ou commercial) | 2 c. à soupe | 30 mL |
| Gousses d'ail, émincées | 3 | 3 |
| Spaghettini (longues pâtes fines), brisés en trois | 8 oz | 225 g |
| Eau bouillante | 2 pte | 2 L |
| Huile d'olive, divisée | 2 c. à thé | 10 mL |
| Poivre frais moulu, une pincée | | |
| Produit de parmesan léger râpé | 2 c. à soupe | 30 mL |

Combiner les courgettes et le sel dans une grande passoire, au-dessus de l'évier ou d'un bol pour recueillir l'eau qui s'en dégage. Laisser reposer 15 minutes. Égoutter le liquide en pressant les courgettes dans la passoire ou contre une étamine. Verser les courgettes égouttées et essorées dans un wok moyen et bien les combiner avec le pesto et l'ail.

Cuire les pâtes dans l'eau bouillante (non salée) pendant 5 à 6 minutes dans une grande casserole ou dans un faitout, en remuant de temps en temps, jusqu'à ce qu'elles soient tendres, mais encore fermes. Les égoutter, les rincer à l'eau chaude et les mettre dans un bol à pâtes.

Réchauffer un wok ou une grande poêle à revêtement antiadhésif. Y verser 5 mL (1 c. à thé) d'huile et la ½ du mélange de courgettes. Frire pendant 3 à 4 minutes, en remuant sans arrêt, et en séparant les courgettes. Verser les courgettes dans le bol à pâtes. Cuire le reste des courgettes de la même manière.

Combiner les courgettes et les pâtes. Poivrer et garnir de parmesan. Servir sur-le-champ. Pour 4 personnes.

*1 portion : 301 calories; 7,5 g de matières grasses (1,4 g de gras saturés, 1,9 mg de cholestérol); 262 mg de sodium; 11 g de protéines; 48 g de glucides; 4 g de fibres alimentaires*

Photo à la page 126.

*conseil*   *Il faut toujours servir les pâtes dans un bol réchauffé au préalable. Pour réchauffer un plat, même s'il est en porcelaine délicate, on peut le remplir d'eau chaude et le laisser reposer quelques minutes. Il suffit ensuite de le vider et de le sécher, puis d'y verser rapidement les pâtes chaudes et la sauce avant de servir.*

# Salmigondis de lentilles et de poivrons

*Ce plat ne manque ni de piquant, ni de texture. On peut le servir réchauffé comme accompagnement ou froid, en guise de salade.*

| | | |
|---|---|---|
| Gros poivron rouge | 1 | 1 |
| Eau | ¼ tasse | 60 mL |
| Jus de citron | 2 c. à soupe | 30 mL |
| Gousse d'ail, broyée | 1 | 1 |
| Huile d'olive | 2 c. à thé | 10 mL |
| Sauce piquante aux piments | 1 c. à thé | 5 mL |
| Poivre frais moulu, une pincée | | |
| Lentilles vertes | ¼ tasse | 60 mL |
| Eau bouillante | 4 tasses | 1 L |
| Sel | 1 c. à thé | 5 mL |
| Feuilles de laurier | 5 | 5 |
| Bouclettes (ou coquillettes), non cuites | 1 tasse | 250 mL |
| Grosse tige de céleri, tranchée fin | 1 | 1 |
| Oignon rouge, haché fin | ¼ tasse | 60 mL |
| Carotte, grossièrement râpée | ¼ tasse | 60 mL |

Poser le poivron rouge sur une lèchefrite. Le faire griller au four, en le retournant souvent, pendant 15 à 20 minutes, jusqu'à ce que la peau noircisse. Le mettre dans un petit bol. Couvrir avec une pellicule plastique et laisser refroidir 10 minutes ou jusqu'à pouvoir tenir le poivron dans la main. Peler le poivron et jeter les graines et les fibres. Réserver le liquide. Hacher le poivron rôti et le réserver dans un bol moyen.

Passer le liquide à l'étamine et le recueillir dans un petit bol. Ajouter les 6 prochains ingrédients. Bien combiner le tout au fouet.

Cuire les lentilles dans l'eau bouillante additionnée de la seconde quantité de sel et des feuilles de laurier dans une grande casserole pendant 10 à 12 minutes, en remuant de temps en temps. Ajouter les pâtes. Laisser mijoter à découvert en remuant souvent, pendant environ 8 minutes, jusqu'à ce que les pâtes soient tendres. Couvrir si le liquide semble s'évaporer trop rapidement. Jeter les feuilles de laurier.

Ajouter le mélange de lentilles au poivron rouge. Ajouter ensuite le céleri, l'oignon rouge et les carottes, puis la vinaigrette. Combiner le tout. Pour 4 personnes.

*1 portion : 185 calories; 2,9 g de matières grasses (0,4 g de gras saturés, 0 mg de cholestérol); 694 mg de sodium; 8 g de protéines; 33 g de glucides; 3 g de fibres alimentaires*

Photo à la page 18.

# Nouilles au riz thaïlandaises

*Le vermicelle au riz est vendu dans les grands magasins d'alimentation ou dans les marchés asiatiques.*

| | | |
|---|---|---|
| Beurre d'arachides crémeux | 2 c. à soupe | 30 mL |
| Sauce soja à teneur en sel réduite | 2 c. à soupe | 30 mL |
| Fromage à la crème tartinable sans matières grasses | 2 c. à soupe | 30 mL |
| Miel liquide | 1 c. à thé | 5 mL |
| Piments rouges du Chili broyés | ½ c. à thé | 2 mL |
| Gingembre frais, râpé | 1 c. à thé | 5 mL |
| Gousse d'ail, émincée | 1 | 1 |
| Fécule de maïs | 1 c. à soupe | 15 mL |
| Eau | 1 c. à soupe | 15 mL |
| Eau | ⅔ tasse | 150 mL |
| Bouillon de légumes en poudre | 1 c. à thé | 5 mL |
| Carotte moyenne, coupée en juliennes | 1 | 1 |
| Poivron rouge moyen, coupé en quatre et tranché fin | 1 | 1 |
| Germes de soja fraîches (140 g, 5 oz) | 2 tasses | 500 mL |
| Oignons verts, tranchés deux fois sur la hauteur et coupés en morceaux de 10 cm (4 po) | 2 | 2 |
| Vermicelles au riz (longues pâtes fines), brisés en trois | 8 oz | 225 g |
| Eau bouillante | 2 pte | 2 L |
| Arachides, hachées, grillées | 2 c. à soupe | 30 mL |

Combiner les 9 premiers ingrédients dans un petit bol.

Porter la seconde quantité d'eau et le bouillon en poudre à ébullition dans une grande poêle à revêtement antiadhésif. Ajouter les carottes. Laisser mijoter à découvert pendant 2 minutes.

Incorporer le poivron rouge, les germes de soja et les oignons verts en remuant. Couvrir. Cuire pendant 2 minutes. Creuser un puits au centre des légumes. Y verser le mélange de beurre d'arachides. Bien mélanger et chauffer jusqu'à ce que la préparation épaississe.

Cuire les pâtes dans l'eau bouillante dans un faitout pendant 1 minute. Les égoutter et les rincer, puis les combiner au mélange de légumes. Garnir d'arachides. Servir sur-le-champ. Pour 4 personnes.

*1 portion : 327 calories; 4,8 g de matières grasses (0,9 g de gras saturés, 0,1 mg de cholestérol); 511 mg de sodium; 9 g de protéines; 56 g de glucides; 4 g de fibres alimentaires*

Photo à la page 71.

Plats sans viande

# Pâtes Ceci

*En italien, « Ceci » (CHÉ-chi) signifie « pois chiche ».*

| | | |
|---|---|---|
| Petit oignon, coupé en dés | 1 | 1 |
| Grosse gousse d'ail, émincée | 1 | 1 |
| Huile d'olive | 1 c. à thé | 5 mL |
| Pois chiches en conserve, non égouttés | 19 oz | 540 mL |
| Tige de céleri, coupée en dés | 1 | 1 |
| Carotte moyenne, coupée en dés | 1 | 1 |
| Persil frais, haché, tassé (ou 15 mL, 1 c. à soupe, déshydraté) | ¼ tasse | 60 mL |
| Tomates italiennes en conserve, non égouttées, défaites | 14 oz | 398 mL |
| Feuille de laurier | 1 | 1 |
| Sel | ¼ c. à thé | 1 mL |
| Cumin moulu (facultatif) | ⅛ c. à thé | 0,5 mL |
| Piments rouges du Chili broyés | ⅛ c. à thé | 0,5 mL |
| Poivre | ⅛ c. à thé | 0,5 mL |
| Fettuccine (longues pâtes plates) | 8 oz | 225 g |
| Eau bouillante | 2 pte | 2 L |
| Sel | 2 c. à thé | 10 mL |
| Huile d'olive | 1 c. à thé | 5 mL |
| Fettuccine (longues pâtes plates), brisés en longueurs de 2,5 cm (1 po) | 2 oz | 57 g |

Faire sauter l'oignon et l'ail dans la première quantité d'huile dans une grande poêle à revêtement antiadhésif jusqu'à ce que l'oignon soit mou. Ajouter les pois chiches. Porter à ébullition. Ajouter le céleri, les carottes et le persil. Couvrir. Laisser mijoter pendant 10 minutes, jusqu'à ce que les carottes soient tendres.

Incorporer les tomates en remuant. Ajouter la feuille de laurier, la première quantité de sel, le cumin, les piments et le poivre. Remuer. Porter à ébullition. Laisser mijoter sous couvert partiel pendant 30 minutes, jusqu'à ce que la préparation ait légèrement épaissi. Jeter la feuille de laurier.

Cuire la première quantité de fettuccine dans l'eau bouillante additionnée de la seconde quantité de sel dans un faitout pendant 8 à 10 minutes, en remuant de temps en temps, jusqu'à ce qu'ils soient tendres, mais encore fermes. Égoutter les fettuccine et les remettre dans le faitout. Verser la sauce sur les pâtes. Bien remuer. Garder au chaud.

Faire chauffer la seconde quantité d'huile dans une grande poêle à revêtement antiadhésif. Y ajouter la seconde quantité de fettuccine. Cuire environ 3 minutes, en remuant sans arrêt, jusqu'à ce que les fettuccine soient dorés et croustillants. Les recueillir sur un essuie-tout et les sécher avant de les répandre sur les pâtes nappées de sauce. Servir sur-le-champ. Pour 4 personnes.

*1 portion* : 482 calories; 5,4 g de matières grasses (0,7 g de gras saturés, 0 mg de cholestérol); 762 mg de sodium; 17 g de protéines; 92 g de glucides; 8 g de fibres alimentaires

Photo à la page 126.

# Pâtes aux fines herbes
# et aux tomates séchées

*Une bonne sauce relevée. On peut varier la quantité de piments au goût.*

| | | |
|---|---|---|
| Petites ou moyennes pâtes aux fines herbes, 225 g (8 oz) | 2 tasses | 500 mL |
| Eau bouillante | 2 pte | 2 L |
| Sel | 2 c. à thé | 10 mL |
| Gousse d'ail, émincée | 1 | 1 |
| Piments rouges du Chili broyés | ⅛ à ¼ c. à thé | 0,5 à 1 mL |
| Oignons verts, tranchés | 2 | 2 |
| Moitiés de tomates séchées au soleil, hachées (voir remarque) | 4 | 4 |
| Huile d'olive | 2 c. à thé | 10 mL |
| Vin rosé (ou vin blanc) | ⅓ tasse | 75 mL |
| Jus d'une orange moyenne | | |
| Zeste d'orange, râpé | 2 c. à thé | 10 mL |
| Eau | ⅓ tasse | 75 mL |
| Bouillon de poulet en poudre | ½ c. à thé | 2 mL |
| Pâte de tomates | 1 c. à soupe | 15 mL |
| Tomates, évidées, coupées en dés | 2 tasses | 500 mL |
| Poivre frais moulu, une pincée | | |

Cuire les pâtes dans l'eau bouillante additionnée du sel dans un faitout pendant 8 à 10 minutes, en remuant de temps en temps, jusqu'à ce qu'elles soient tendres, mais encore fermes. Les égoutter et les remettre dans le faitout pour les garder au chaud.

Faire sauter l'ail, les piments, l'oignon vert et les tomates séchées dans une grande poêle à revêtement antiadhésif pendant 3 minutes.

Ajouter les 6 prochains ingrédients. Porter à ébullition. Laisser mijoter à découvert pendant 2 minutes. Ajouter les tomates et le poivre. Remuer pour réchauffer le tout. Verser la préparation sur les pâtes tièdes et remuer. Servir sur-le-champ. Pour 4 personnes.

*1 portion : 281 calories; 3,7 g de matières grasses (1 g de gras saturés, 0,1 mg de cholestérol); 99 mg de sodium; 9 g de protéines; 50 g de glucides; 3 g de fibres alimentaires*

**Remarque :** On peut se servir de couteaux de cuisine pour couper les tomates séchées en petits morceaux si elles sont trop dures pour être hachées.

*conseil* *Les fines herbes et les légumes frais ajoutent beaucoup de goût aux plats de pâtes sans ajouter de matières grasses. Les poivrons rouges, jaunes, verts ou oranges, riches en vitamines et en goût, se substituent particulièrement bien à la viande ou au fromage dans les sauces.*

# Pâtes pompier de Stephe

*C'est tout feu, tout flamme! À combiner avec une salade*
*rafraîchissante pour couper le feu des épices.*

| | | |
|---|---|---|
| Grosses tomates italiennes mûres | 6 | 6 |
| Eau bouillante, pour couvrir | | |
| Eau très froide (ou glacée), pour couvrir | | |
| Gousses d'ail, émincées | 3 | 3 |
| Petits piments du Chili rouges ou verts, hachés (voir remarque) | 1 à 4 | 1 à 4 |
| Huile d'olive | 2 c. à thé | 10 mL |
| Vin blanc (ou vin sans alcool) | ¼ tasse | 60 mL |
| Sel | 1 c. à thé | 5 mL |
| Sucre granulé, une pincée | | |
| Poivre frais moulu, une pincée | | |
| Spaghettini (longues pâtes fines) | 8 oz | 225 g |
| Eau bouillante | 2 pte | 2 L |
| Sel | 2 c. à thé | 10 mL |
| Produit de parmesan léger râpé | 2 c. à soupe | 30 mL |

Plonger les tomates dans l'eau bouillante dans une grande casserole pendant 1 minute, puis les plonger immédiatement dans de l'eau très froide. Peler les tomates et jeter la peau. Hacher la chair et jeter les graines. Mettre les tomates dans un petit bol.

Faire sauter l'ail et les piments dans l'huile dans une grande poêle à revêtement antiadhésif, en remuant sans arrêt, pendant 1 minute. Incorporer le vin en remuant. Porter à ébullition. Cuire à découvert environ 4 minutes, jusqu'à ce que le vin soit presque complètement évaporé. Incorporer les tomates, la première quantité de sel, le sucre et le poivre en remuant. Cuire à découvert environ 3 minutes, juste assez longtemps pour réchauffer les tomates.

Cuire les pâtes dans l'eau bouillante additionnée de la seconde quantité de sel dans une grande casserole pendant 7 à 8 minutes, en remuant de temps en temps, jusqu'à ce qu'elles soient tendres, mais encore fermes. Les égoutter et les remettre dans la casserole.

Combiner les pâtes et le mélange de tomates. Garnir de parmesan. Pour 4 personnes.

*1 portion : 296 calories; 4,3 g de matières grasses (0,8 g de gras saturés, 1,2 mg de cholestérol); 757 mg de sodium; 10 g de protéines; 53 g de glucides; 4 g de fibres alimentaires*

Photo à la page 36.

**Remarque :** Les petits piments rouges (piments Scotch Bonnet ou Finger) sont les plus forts; il faut faire bien attention de ne pas en abuser et veiller à retirer les graines et les fibres, sinon ils sont encore plus forts. Il faut porter des gants lorsqu'on hache des piments car le composé huileux piquant appelé « capsicine » (cap-ZI-cine) pénètre la peau et peut provoquer une sensation de brûlure.

# Spirales et salsa aux poivrons

*Ce plat est onctueux est délicieux chaud ou froid. Ce*
*sont les poivrons grillés qui en font le secret.*

| | | |
|---|---|---|
| Gros poivrons oranges ou jaunes | 2 | 2 |
| Gros poivrons rouges | 2 | 2 |
| Gousse d'ail, émincée | 1 | 1 |
| Huile d'olive | 2 c. à thé | 10 mL |
| Vinaigrette italienne sans matières grasses | 1/3 tasse | 75 mL |
| Vinaigre balsamique | 1 c. à soupe | 15 mL |
| Olives mûres, dénoyautées, tranchées | 6 | 6 |
| Basilic frais, haché fin | 1/4 tasse | 60 mL |
| Persil frais, haché fin | 2 c. à soupe | 30 mL |
| Sel | 1/2 c. à thé | 2 mL |
| Poivre frais moulu, une pincée | | |
| Radiatore (spirales), 225 g (8 oz) | 2 2/3 tasses | 650 mL |
| Eau bouillante | 3 pte | 3 L |
| Sel | 1 c. à soupe | 15 mL |
| Pignons, grillés et hachés (facultatif) | 1 c. à soupe | 15 mL |

Poser les poivrons sur une lèchefrite. Les faire griller au four, en les retournant souvent, pendant 15 à 20 minutes jusqu'à ce que la peau soit noire. Les mettre dans un petit bol. Couvrir le bol avec une pellicule plastique et laisser les poivrons reposer 15 à 20 minutes, jusqu'à ce qu'ils aient refroidi. Peler les poivrons et réserver le liquide. Passer celui-ci à l'étamine. Jeter les graines et les filaments. Couper les poivrons en longues lanières et les mettre dans un bol moyen.

Faire sauter l'ail dans l'huile dans une petite casserole jusqu'à ce qu'il soit mou. Retirer du feu. Ajouter les 7 prochains ingrédients. Ajouter le liquide recueilli des poivrons. Remuer. Verser la préparation sur les poivrons. Laisser mariner à la température de la pièce pendant au moins 1 heure. À ce stade, on peut réfrigérer la salsa jusqu'au lendemain puis la ramener à la température de la pièce avant de la servir.

Cuire les pâtes dans l'eau bouillante additionnée de la seconde quantité de sel dans un faitout pendant 8 à 10 minutes, en remuant de temps en temps, jusqu'à ce qu'elles soient tendres, mais encore fermes. Égoutter les pâtes et les remettre dans le faitout. Napper les pâtes de salsa. Bien mélanger.

Garnir de pignons. Pour 4 personnes.

*1 portion : 268 calories; 4,1 g de matières grasses (0,6 g de gras saturés, 0 mg de cholestérol); 639 mg de sodium; 8 g de protéines; 50 g de glucides; 3 g de fibres alimentaires*

Photo sur la couverture.

# Pâtes aux poivrons perfection

*Ce plat est très coloré. On peut y mettre des poivrons
d'une couleur ou combiner les quatre.*

| | | |
|---|---|---|
| Orzo (très petites pâtes) | 1 tasse | 250 mL |
| Eau bouillante | 2 pte | 2 L |
| Sel | 2 c. à thé | 10 mL |
| Pesto au basilic, page 78 (ou commercial) | 1 c. à soupe | 15 mL |
| Tomates italiennes moyennes mûres, coupées en dés | 2 | 2 |
| Olives mûres dénoyautées, hachées | 2 c. à soupe | 30 mL |
| Persil frais, haché (ou 1 c. à thé, 5 mL, déshydraté) | 1 c. à soupe | 15 mL |
| Basilic frais, haché (ou 1 c. à thé, 5 mL, déshydraté) | 1 c. à soupe | 15 mL |
| Câpres, rincés et hachés (facultatif) | 2 c. à thé | 10 mL |
| Sel | 1/8 c. à thé | 0,5 mL |
| Poivre frais moulu, une pincée | | |
| Poivrons d'Amérique moyens, de taille et de forme comparables | 3 | 3 |
| Mozzarella partiellement écrémé, râpé | 1/2 tasse | 125 mL |
| Chapelure | 2 c. à soupe | 30 mL |

Cuire les pâtes dans l'eau additionnée de la première quantité de sel dans une grande casserole pendant 10 minutes, en remuant de temps en temps. Les égoutter et les remettre dans la casserole. Ajouter le pesto et remuer jusqu'à ce que les pâtes en soient nappées. Incorporer les 7 prochains ingrédients en remuant.

Couper les poivrons en deux sur la hauteur, de la tige à la base. Ôter les graines et les fibres de chaque moitié. Répartir le mélange de pâtes dans les 6 demi-poivrons. Les poser côte à côte dans un plat peu profond légèrement graissé. Couvrir le plat avec un couvercle ou un papier d'aluminium. Cuire au four à 400 °F (205 °C) pendant 30 minutes, jusqu'à ce que les poivrons soient tendres, mais encore croquants. Combiner le mozzarella et la chapelure dans un petit bol. Répartir ce mélange sur les demi-poivrons. Enfourner sur la grille supérieure du four et poursuivre la cuisson jusqu'à ce que le fromage ait fondu et que la chapelure soit dorée. Pour 6 personnes.

*1 portion : 224 calories; 4 g de matières grasses (1,4 g de gras saturés, 6,1 mg de cholestérol); 159 mg de sodium; 9 g de protéines; 38 g de glucides; 2 g de fibres alimentaires*

Photo à la page 35.

# Lasagne végétarienne

*Cette lasagne est fabuleuse! La préparation prend
1 heure à 1½ heure, mais le succès est garanti.*

### SAUCE À LA CRÈME

| | | |
|---|---|---|
| Lait écrémé évaporé | 13½ oz | 385 mL |
| Lait écrémé | 1½ tasse | 375 mL |
| Farine tout usage | ¼ tasse | 60 mL |
| Produit de parmesan léger râpé | 3 c. à soupe | 50 mL |
| Poudre d'oignon | ½ c. à thé | 2 mL |
| Sel | ½ c. à thé | 2 mL |
| Poudre d'ail | ¼ c. à thé | 1 mL |

### SAUCE AUX TOMATES ÉTUVÉES

| | | |
|---|---|---|
| Gros oignon, coupé en petits dés | 1 | 1 |
| Gousses d'ail, émincées | 2 | 2 |
| Huile d'olive | 2 c. à thé | 10 mL |
| Gros poivron vert, coupé en petits dés | 1 | 1 |
| Poivron rouge moyen, coupé en petits dés | 1 | 1 |
| Poivron jaune moyen, coupé en petits dés | 1 | 1 |
| Origan en feuilles, déshydraté | 1½ c. à thé | 7 mL |
| Basilic déshydraté | 1 c. à thé | 5 mL |
| Sucre granulé | 1 c. à thé | 5 mL |
| Sel | ½ c. à thé | 2 mL |
| Poivre | ¼ c. à thé | 1 mL |
| Tomates étuvées en conserve, non égouttées, hachées | 3 × 14 oz | 3 × 398 mL |
| Sauce tomate | 7,5 oz | 213 mL |
| Courgettes moyennes, non pelées | 4 | 4 |
| Eau bouillante | 3 pte | 3 L |
| Sel | 1 c. à soupe | 15 mL |
| Lasagnes | 12 | 12 |
| Eau bouillante | 5 pte | 5 L |
| Sel | 1½ c. à soupe | 25 mL |
| Mozzarella partiellement écrémé, râpé | ¾ tasse | 175 mL |

**Sauce à la crème** : Combiner lentement le lait évaporé et le lait avec la farine, au fouet, dans une casserole moyenne jusqu'à ce que la préparation soit lisse. Cuire en remuant souvent jusqu'à ce que la sauce bouille et épaississe. Retirer du feu. Incorporer en remuant les 4 derniers ingrédients. Donne 750 mL (3 tasses) de sauce.

**Sauce aux tomates étuvées** : Faire sauter l'oignon et l'ail dans l'huile pendant 3 à 4 minutes dans une grande poêle à revêtement antiadhésif jusqu'à ce qu'ils soient mous. Incorporer les poivrons et les assaisonnements en remuant. Cuire pendant 2 minutes, jusqu'à ce que les poivrons soient tendres, mais encore croquants. Ajouter les tomates et la sauce tomate. Laisser bouillir à découvert pendant 15 minutes, jusqu'à ce que la sauce ait réduit et épaissi. Donne 2 L (8 tasses) de sauce.

*(suite...)*

Couper les courgettes sur la longueur en tranches de 6 mm (¼ po) d'épaisseur. Les blanchir dans l'eau bouillante additionnée de la première quantité de sel dans un faitout pendant 3 minutes. Égoutter. Rincer à l'eau froide et les poser sur un torchon ou un essuie-tout pour qu'elles sèchent bien.

Cuire les lasagnes dans la seconde quantité d'eau bouillante additionnée de la seconde quantité de sel dans le même faitout pendant 10 minutes, en remuant de temps en temps, jusqu'à ce qu'elles soient tout juste tendres.

Monter la lasagne dans un plat de 22 × 33 cm (9 × 13 po) légèrement graissé, dans cet ordre :

1. 125 mL (½ tasse) de sauce aux tomates étuvées

2. 4 lasagnes

3. 625 mL (2½ tasses) de sauce aux tomates étuvées

4. 250 mL (1 tasse) de sauce à la crème

5. la ½ des courgettes

6. 4 lasagnes

7. 625 mL (2½ tasses) de sauce aux tomates étuvées

8. 250 mL (1 tasse) de sauce à la crème

9. le reste des courgettes

10. 4 lasagnes

11. 625 mL (2½ tasses) de sauce aux tomates étuvées

12. 250 mL (1 tasse) de sauce à la crème

13. tout le mozzarella

Recouvrir le plat d'un papier d'aluminium légèrement graissé. Cuire au four à 350 °F (175 °C) pendant 45 minutes. Retirer le papier d'aluminium. Poursuivre la cuisson au four pendant 10 à 15 minutes, jusqu'à ce que le fromage ait fondu et doré légèrement. Laisser la lasagne reposer à découvert pendant 10 à 15 minutes avant de la couper. Pour 10 personnes.

*1 portion : 248 calories; 3,6 g de matières grasses (1,5 g de gras saturés, 8,3 mg de cholestérol); 881 mg de sodium; 14 g de protéines; 43 g de glucides; 4 g de fibres alimentaires*

Photo à la page 54.

*conseil* *Comme l'huile d'olive a une forte teneur en gras non saturés, mais contient peu de gras saturés, elle constitue une excellente alternative à faible teneur en gras à la margarine ou au beurre. De plus, comme elle ne brûle pas aussi rapidement que la margarine ou le beurre, à chaleur moyenne, elle est idéale pour faire sauter des aliments et, à chaleur élevée, pour la friture. L'huile d'olive extra-vierge a un goût plus prononcé que l'huile d'olive vierge ou régulière car elle est extraite dès le premier pressage des olives.*

# Pâtes perfection de Derrick

*Un plat prêt en un rien de temps, et si bon!*

| | | |
|---|---|---|
| Capellini (longues pâtes très fines) ou vermicelles (longues pâtes fines) | 6 oz | 170 g |
| Eau bouillante | 2 pte | 2 L |
| Sel | 2 c. à thé | 10 mL |
| Margarine | 1 c. à thé | 5 mL |
| Pêches ou nectarines mûres, non pelées, coupées en dés | 1½ tasse | 375 mL |
| Tomates mûres, coupées en dés | 1½ tasse | 375 mL |
| Cassonade, tassée | 1 c. à thé | 5 mL |
| Sel | ½ c. à thé | 2 mL |
| Poivre frais moulu, une pincée | | |
| Basilic frais, finement effilé | 2 c. à soupe | 30 mL |
| Fécule de maïs | 1 c. à thé | 5 mL |
| Lait écrémé évaporé | ⅓ tasse | 75 mL |

Cuire les pâtes dans l'eau additionnée de la première quantité de sel dans une grande casserole pendant 5 à 6 minutes, en remuant de temps en temps, jusqu'à ce qu'elles soient tendres, mais encore fermes. Égoutter. Les remettre dans la casserole pour les garder au chaud.

Chauffer la margarine dans une grande poêle à revêtement antiadhésif jusqu'à ce qu'elle grésille. Incorporer les pêches, les tomates, la cassonade, le sel et le poivre en remuant. Couvrir. Cuire environ 2 minutes, jusqu'à ce que les pêches et les tomates rendent leur jus. Incorporer le basilic en remuant.

Combiner la fécule de maïs et le lait évaporé dans une petite tasse. Incorporer au mélange de pêche en remuant. Cuire jusqu'à ce que la préparation bouillonne. Verser le tout sur les pâtes et remuer. Pour 3 personnes.

*1 portion* : 308 calories; 2,5 g de matières grasses (0,4 g de gras saturés, 1,1 mg de cholestérol); 514 mg de sodium; 11 g de protéines; 62 g de glucides; 4 g de fibres alimentaires

Photo à la page 35.

1. Poulet teriyaki aux pâtes simple, page 39
2. Nouilles au riz thaïlandaises, page 62
3. Pâtes Margarita, page 81
4. Paella aux pâtes, page 51
5. Dessert aux pêches étagé, page 46

Accessoires fournis par : Stokes
La Baie

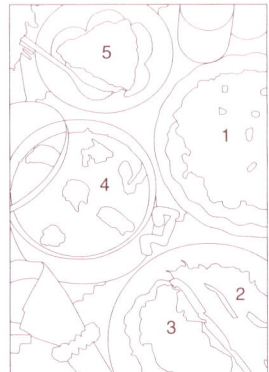

Plats sans viande

# Gratin de rigatoni

*Cette sauce au fromage est si crémeuse qu'il est dur de croire
qu'elle est faible en gras! Un plat simple et rapide.*

| | | |
|---|---|---|
| Lait écrémé | ½ tasse | 125 mL |
| Farine tout usage | 3 c. à soupe | 50 mL |
| Lait écrémé | 1 tasse | 250 mL |
| Sel | ½ c. à thé | 2 mL |
| Poudre d'oignon | ¼ c. à thé | 1 mL |
| Mozzarella partiellement écrémé, râpé | 1 tasse | 250 mL |
| Rigatoni (grosses pâtes coupées), 285 g (10 oz) | 4 tasses | 1 L |
| Eau bouillante | 2½ pte | 2,5 L |
| Sel | 2½ c. à thé | 12 mL |
| Paprika, une pincée (facultatif) | | |

Combiner la première quantité de lait avec la farine dans une petite casserole. Bien
mélanger jusqu'à ce que la préparation soit lisse. Ajouter la seconde quantité de lait, la
première quantité de sel et la poudre d'oignon. Cuire en remuant constamment jusqu'à ce
que la préparation bouille et épaississe légèrement.

Ajouter le fromage. Remuer jusqu'à ce qu'il soit fondu.

Cuire les pâtes dans l'eau bouillante additionnée de la seconde quantité de sel dans un faitout
environ 11 minutes, en remuant de temps en temps, jusqu'à ce qu'elles soient tendres, mais
encore fermes. Égoutter. Verser les pâtes dans une cocotte peu profonde de 2 L (2 pte)
légèrement graissée. Les arroser de la sauce et les saupoudrer de paprika. Couvrir. Cuire au
four à 375 °F (190 °C) pendant 15 minutes. Découvrir. Poursuivre la cuisson au four pendant
10 minutes, jusqu'à ce que le fromage bouillonne. Pour 4 personnes.

*1 portion : 399 calories; 6,3 g de matières grasses (3,4 g de gras saturés, 19,7 mg de cholestérol);
539 mg de sodium; 21 g de protéines; 63 g de glucides; 2 g de fibres alimentaires*

Photo à la page 72 et sur la couverture dos.

1. Poulet et légumes rôtis, page 30
2. Spaghetti aux tomates marinées, page 79
3. Gratin de rigatoni, ci-dessus
4. Cannelloni aux épinards, page 139
5. Scampis des anges, page 55
6. Pâtes printanières simples, page 74

Accessoires fournis par : Chintz & Company
Eaton
Stokes
The Basket House

# Pâtes printanières simples

*À base de légumes surgelés, ce plat se prépare vite et facilement.*

| | | |
|---|---|---|
| Macédoine à l'italienne, surgelée | 2¼ lb | 1 kg |
| Eau | ¼ tasse | 60 mL |
| Margarine de régime | 2 c. à soupe | 30 mL |
| Basilic déshydraté | ¼ c. à thé | 1 mL |
| Origan en feuilles, déshydraté | ¼ c. à thé | 1 mL |
| Produit d'œufs surgelé, dégelé | 6 c. à soupe | 100 mL |
| Lait écrémé évaporé | ½ tasse | 125 mL |
| Produit de parmesan léger râpé | ¼ tasse | 60 mL |
| Spaghetti (longues pâtes) | 10 oz | 285 g |
| Eau bouillante | 3 pte | 3 L |
| Sel | 1 c. à soupe | 15 mL |
| Petite tomates italiennes mûres, coupées en dés | 2 ou 3 | 2 ou 3 |
| Persil frais, haché fin | 1 c. à soupe | 15 mL |

Mettre la macédoine et l'eau dans un plat pour le micro-ondes de 2 L (2 pte). Couvrir. Chauffer à puissance maximale (100 %) pendant 6 minutes. Égoutter.

Faire fondre la margarine dans une grande poêle à revêtement antiadhésif. Ajouter la macédoine, le basilic et l'origan. Cuire environ 5 minutes, en remuant souvent, jusqu'à ce que les légumes soient tendres.

Battre le produit d'œufs avec le lait évaporé et le fromage dans un petit bol.

Cuire les pâtes dans l'eau bouillante additionnée du sel dans un faitout pendant 8 à 10 minutes, en remuant de temps en temps, jusqu'à ce qu'elles soient tendres, mais encore fermes. Les égoutter et les remettre dans le faitout. Ajouter le mélange de lait. Bien remuer.

Ajouter la macédoine, les tomates et le persil. Combiner le tout jusqu'à ce que le liquide soit absorbé. Pour 4 personnes.

*1 portion :* *509 calories; 5,7 g de matières grasses (1,5 g de gras saturés, 3,8 mg de cholestérol); 367 mg de sodium; 25 g de protéines; 93 g de glucides; 12 g de fibres alimentaires*

Photo à la page 72.

*conseil* *Surgeler le pesto au basilic, page 78, dans un bac à glaçons. Une fois que les cubes sont gelés, les ranger dans un sac pour la congélation muni d'une fermeture. Il suffit ensuite de dégeler les cubes un à un, au besoin.*

Plats sans viande

# Papillons d'été

*On choisira des légumes frais pour rehausser le goût et la couleur*
*de ce plat qu'il faut veiller à ne pas cuire trop longtemps.*

| | | |
|---|---|---|
| Farfalle (boucles moyennes), 285 g (10 oz) | 4 tasses | 1 L |
| Eau bouillante | 2½ pte | 2,5 L |
| Sel | 2½ c. à thé | 12 mL |
| Gousses d'ail, émincées | 4 | 4 |
| Huile d'olive | 1 c. à thé | 5 mL |
| Eau | ¼ tasse | 60 mL |
| Vin blanc (ou vin sans alcool) | ¼ tasse | 60 mL |
| Carottes, coupées en juliennes de 5 cm (2 po) | 1 tasse | 250 mL |
| Asperges, défaites des tiges dures et coupées en morceaux de 5 cm (2 po) | 2 tasses | 500 mL |
| Poivron rouge, coupé en lanières de 5 cm (2 po) | 1 | 1 |
| Pois à écosser frais, nettoyés (140 g, 5 oz) | 2 tasses | 500 mL |
| Courgette moyenne, non pelée, coupée en juliennes | 1 | 1 |
| Tomates italiennes mûres, hachées | 3 tasses | 750 mL |
| Pesto au basilic, page 78 (ou commercial) | 1 c. à thé | 5 mL |
| Fromage à la crème tartinable léger | 3 c. à soupe | 50 mL |
| Produit de parmesan léger râpé | 2 c. à soupe | 30 mL |
| Sel, une pincée | | |
| Poivre frais moulu, une pincée | | |

Cuire les pâtes dans l'eau bouillante additionnée du sel dans un faitout pendant 8 à 10 minutes jusqu'à ce qu'elles soient tendres, mais encore fermes. Les égoutter et les remettre dans le faitout pour les garder au chaud.

Faire sauter l'ail dans l'huile dans une grande poêle à revêtement antiadhésif jusqu'à ce qu'il soit tout juste mou. Ajouter l'eau et le vin. Porter à ébullition. Ajouter les carottes. Couvrir. Cuire pendant 1 minute. Ajouter les asperges, le poivron rouge et les pois. Couvrir. Cuire pendant 2 minutes. Ajouter les courgettes. Cuire pendant 1 minute. Transférer les légumes au faitout avec une écumoire. Les combiner avec les pâtes. Garder le tout au chaud.

Cuire les tomates dans le liquide qui reste dans la poêle pendant 4 à 5 minutes, jusqu'à ce qu'elles ramollissent, mais sans qu'elles se défassent. Incorporer le pesto et le fromage à la crème et remuer jusqu'à ce que la préparation bouillonne. La verser sur les pâtes et remuer. Garnir de parmesan, saler et poivrer. Servir sur-le-champ. Pour 6 personnes.

*1 portion : 280 calories; 4 g de matières grasses (1,3 g de gras saturés, 4,6 mg de cholestérol); 133 mg de sodium; 12 g de protéines; 49 g de glucides; 5 g de fibres alimentaires*

Photo à la page 35.

# Pâtes aux poivrons jaunes

*Ce plat peut être servi comme accompagnement ou comme entrée.*

**SAUCE AUX POIVRONS JAUNES**

| | | |
|---|---|---|
| Gousses d'ail, émincées | 2 | 2 |
| Huile d'olive | 1 c. à soupe | 15 mL |
| Eau | ⅓ tasse | 75 mL |
| Bouillon de légumes en poudre | 1 c. à thé | 5 mL |
| Piments rouges du Chili broyés, une petite pincée | | |
| Oignon, haché très fin | ½ tasse | 125 mL |
| Poivron jaune, haché très fin | 2 tasses | 500 mL |
| Basilic déshydraté | 1 c. à thé | 5 mL |
| Sel | ½ c. à thé | 2 mL |
| Persil frais, haché | 2 c. à soupe | 30 mL |
| Vermicelles (longues pâtes fines) | 8 oz | 225 g |
| Eau bouillante | 2 pte | 2 L |
| Sel | 2 c. à thé | 10 mL |

**Sauce aux poivrons jaunes** : Faire sauter l'ail dans l'huile dans une grande poêle à revêtement antiadhésif jusqu'à ce qu'il soit mou. Ajouter l'eau, le bouillon en poudre et les piments. Porter à ébullition.

Ajouter l'oignon, le poivron, le basilic et la première quantité de sel. Remuer. Couvrir. Cuire pendant 40 minutes, en remuant de temps en temps, jusqu'à ce que l'oignon et le poivron soient très mous. Incorporer le persil en remuant. Donne environ 375 mL (1½ tasse) de sauce.

Cuire les pâtes dans l'eau bouillante additionnée de la seconde quantité de sel dans un faitout pendant 5 à 6 minutes, en remuant de temps en temps, jusqu'à ce qu'elles soient tendres, mais encore fermes. Les égoutter et les remettre dans le faitout. Napper les pâtes de sauce. Bien remuer. Servir sur-le-champ. Pour 4 personnes.

*1 portion* : 269 calories; 4,6 g de matières grasses (0,7 g de gras saturés, 0,1 mg de cholestérol); 494 mg de sodium; 8 g de protéines; 49 g de glucides; 3 g de fibres alimentaires

Photo à la page 90.

# Étoiles au citron

*Complète à merveille tous les plats de viande. Les variantes sont toutes à essayer.*

| | | |
|---|---|---|
| Jus de citron | 1 c. à soupe | 15 mL |
| Bouillon de poulet condensé | 10 oz | 284 mL |
| Eau | 1 tasse | 250 mL |
| Bouillon de légumes en poudre | 1 c. à thé | 5 mL |
| Stelline non cuits (très petites pâtes) | 1 tasse | 250 mL |
| Lait écrémé évaporé | ½ tasse | 125 mL |
| Zeste de citron, râpé | ¼ à ½ c. à thé | 1 à 2 mL |

*(suite...)*

Plats sans viande

Combiner les 4 premiers ingrédients dans une casserole moyenne. Porter à ébullition. Incorporer les pâtes en remuant. Couvrir. Laisser mijoter environ 10 minutes, jusqu'à ce que les pâtes aient absorbé le liquide. Retirer du feu.

Incorporer le lait évaporé et le zeste en remuant. Servir sur-le-champ. Donne 650 mL (2⅔ tasses).

*175 mL (¾ tasse) : 322 calories; 2,2 g de matières grasses (0,5 g de gras saturés, 2,3 mg de cholestérol); 750 mg de sodium; 16 g de protéines; 58 g de glucides; 2 g de fibres alimentaires*

Photo à la page 90.

**Variante 1 :** Ajouter 5 à 7 mL (1 à 1½ c. à thé) d'aneth aux pâtes avec le lait évaporé et le zeste.

**Variante 2 :** Ajouter du poivre frais moulu à volonté.

**Variante 3 :** Ajouter 2 à 5 mL (½ à 1 c. à thé) de gingembre frais râpé avec le lait évaporé et le zeste.

**Variante 4 :** Ajouter 30 mL (2 c. à soupe) d'oignon vert haché fin avec le lait évaporé et le zeste.

**Variante 5 :** Ajouter 1 petite gousse d'ail émincée aux ingrédients liquides avant de les porter à ébullition.

# Casserole de fromage et de tomates
*La préparation ne prend que 15 minutes.*

| | | |
|---|---|---|
| Macaroni (petites pâtes), 225 g (8 oz) | 2 tasses | 500 mL |
| Eau bouillante | 8 tasses | 2 L |
| Sel | 2 c. à thé | 10 mL |
| Tomates italiennes en conserve, passées au mélangeur | 14 oz | 398 mL |
| Poudre d'oignon | ½ c. à thé | 2 mL |
| Basilic déshydraté | 1 c. à thé | 5 mL |
| Lait écrémé évaporé | ½ tasse | 125 mL |
| Farine tout usage | 1½ c. à soupe | 25 mL |
| Mozzarella partiellement écrémé, râpé | 1 tasse | 250 mL |

Cuire les pâtes dans l'eau bouillante additionnée du sel dans un faitout pendant 6 minutes, en remuant de temps en temps, jusqu'à ce qu'elles soient tendres, mais encore fermes. Égoutter. Les verser dans une cocotte peu profonde de 2 L (2 pte) graissée.

Chauffer les tomates, la poudre d'oignon et le basilic dans une casserole moyenne. Combiner le lait évaporé avec la farine dans un bol. Mélanger jusqu'à ce que la préparation soit lisse. L'ajouter au mélange de tomates. Réchauffer le tout jusqu'à ce que la préparation bouille et épaississe légèrement. La verser sur les pâtes. Remuer doucement.

Répandre le fromage sur le plat. Couvrir. Cuire au four à 375 °F (190 °C) pendant 20 minutes jusqu'à ce que le plat soit chaud et que le fromage ait fondu. Pour 4 personnes.

*1 portion : 347 calories; 6,1 g de matières grasses (3,3 g de gras saturés, 18,9 mg de cholestérol); 350 mg de sodium; 19 g de protéines; 54 g de glucides; 3 g de fibres alimentaires*

# Pâtes à l'ail et au gingembre frais

*Ce plat très relevé au gingembre ne prend que 10 minutes à préparer. Il complète à merveille le porc et le poulet.*

| | | |
|---|---|---|
| Spaghettini (longues pâtes fines) | 10 oz | 285 g |
| Eau bouillante | 3 pte | 3 L |
| Sel | 1 c. à soupe | 15 mL |
| Gousses d'ail, émincées | 2 | 2 |
| Gingembre frais, émincé ou râpé | 1 c. à soupe | 15 mL |
| Piments rouges du Chili broyés, une petite pincée | | |
| Thym | ¼ c. à thé | 1 mL |
| Huile d'olive | 1 c. à soupe | 15 mL |
| Oignons verts, tranchés | ½ tasse | 125 mL |
| Bouillon de poulet condensé (ou 5 mL, | ⅓ tasse | 75 mL |
|    1 c. à thé, de bouillon de poulet en poudre, | | |
|    dissout dans 75 mL, ⅓ tasse, d'eau tiède) | | |
| Poivre frais moulu, une pincée | | |
| Produit de parmesan léger râpé | 2 c. à soupe | 30 mL |

Cuire les pâtes dans l'eau bouillante additionnée du sel dans un faitout pendant 8 à 10 minutes, en remuant de temps en temps, jusqu'à ce qu'elles soient tendres, mais encore fermes. Les égoutter et les remettre dans le faitout.

Faire sauter l'ail, le gingembre, les piments et le thym dans l'huile dans une petite poêle environ 2 minutes, jusqu'à ce que l'ail soit mou. Ajouter les oignons verts. Faire sauter pendant 2 minutes. Ajouter le bouillon de poulet et réchauffer le tout. Verser la préparation sur les pâtes chaudes.

Poivrer et saupoudrer de parmesan. Bien remuer. Pour 4 personnes.

*1 portion : 319 calories; 5,3 g de matières grasses (1 g de gras saturés, 1,5 mg de cholestérol); 201 mg de sodium; 12 g de protéines; 55 g de glucides; 2 g de fibres alimentaires*

# Linguine au pesto au basilic

*Doubler la recette de pesto au basilic et le surgeler en petites quantités pour l'ajouter à d'autres sauces.*

**PESTO AU BASILIC**

| | | |
|---|---|---|
| Huile d'olive | 2 c. à soupe | 30 mL |
| Gousse d'ail, coupée en deux | 1 | 1 |
| Basilic frais, bien tassé | ½ tasse | 125 mL |
| Produit de parmesan léger râpé | 2 c. à soupe | 30 mL |
| Vin blanc (ou vin sans alcool) | 4 c. à thé | 20 mL |
| Linguine (longues pâtes plates) | 1 lb | 454 g |
| Eau bouillante | 4 pte | 4 L |
| Sel | 4 c. à thé | 20 mL |

*(suite...)*

**Pesto au basilic :** Combiner les 5 premiers ingrédients dans le mélangeur, en raclant les parois de temps en temps, jusqu'à ce que la préparation soit épaisse comme une pâte. Ajouter 5 mL (1 c. à thé) de vin, s'il y a lieu, pour que la préparation se mélange mieux. Le basilic devrait être haché très fin. Donne 60 mL (¼ tasse) de pesto.

Cuire les pâtes dans l'eau bouillante additionnée du sel dans un faitout pendant 8 à 10 minutes, en remuant de temps en temps, jusqu'à ce qu'elles soient tendres, mais encore fermes. Les égoutter et les remettre dans le faitout. Ajouter le pesto. Bien remuer. Servir sur-le-champ. Pour 6 personnes.

*1 portion : 332 calories; 6,1 g de matières grasses (1 g de gras saturés, 0,8 mg de cholestérol); 43 mg de sodium; 11 g de protéines; 57 g de glucides; 2 g de fibres alimentaires*

# Spaghetti aux tomates marinées

*Les tomates marinées se conservent un ou deux jours au réfrigérateur. Les ramener à la température de la pièce avant de les combiner aux pâtes. On peut aussi réchauffer ce plat graduellement dans le micro-ondes ou dans une casserole.*

| | | |
|---|---|---|
| Tomates italiennes moyennes mûres, coupées en petits dés | 6 | 6 |
| Huile d'olive | 4 c. à thé | 20 mL |
| Grosse gousse d'ail, émincée | 1 | 1 |
| Feuilles de basilic frais, hachées fin (ou 10 mL, 2 c. à thé, déshydraté) | 2 c. à soupe | 30 mL |
| Jus de tomate | ¼ tasse | 60 mL |
| Jus de citron | 2 c. à thé | 10 mL |
| Sel | ½ c. à thé | 2 mL |
| Poivre frais moulu, une pincée | | |
| Spaghetti (longues pâtes) | 10 oz | 285 g |
| Eau bouillante | 3 pte | 3 L |
| Sel | 1 c. à soupe | 15 mL |
| Produit de parmesan léger râpé, pincée (facultatif) | | |

Combiner les 8 ingrédients dans un bol moyen. Bien remuer. Couvrir. Laisser reposer à la température de la pièce au moins 1 heure pour que les goûts se mêlent.

Cuire les pâtes dans l'eau bouillante additionnée de la seconde quantité de sel dans un faitout pendant 8 à 10 minutes, en remuant de temps en temps, jusqu'à ce qu'elles soient tendres, mais encore fermes. Les arroser de la marinade. Bien remuer.

Répandre le parmesan sur les pâtes. Pour 4 personnes.

*1 portion : 350 calories; 6,3 g de matières grasses (0,9 g de gras saturés, 0 mg de cholestérol); 418 mg de sodium; 11 g de protéines; 63 g de glucides; 4 g de fibres alimentaires*

Photo à la page 72 et sur la couverture dos.

**Variante :** Omettre le jus de tomate et le jus de citron et ajouter 60 mL (¼ tasse) de vin blanc (ou de vin sans alcool).

# Gnocchis garnis de purée de tomates

*La préparation des gnocchis prend un peu de temps, mais
celle de la sauce n'en prend pratiquement pas.*

| | | |
|---|---|---|
| Gnocchis aux pommes de terre, page 84 (recette complète) | 1½ lb | 680 g |
| Eau | 4 pte | 4 L |
| Sel | 1 c. à soupe | 15 mL |
| Gousse d'ail, émincée | 1 | 1 |
| Huile d'olive | ¼ c. à thé | 1 mL |
| Tomates italiennes en conserve, non égouttées, passées au mélangeur | 14 oz | 398 mL |
| Sucre granulé, une pincée | | |
| Sel, une pincée (facultatif) | | |
| Poivre frais moulu, une pincée | | |
| Basilic frais, haché (ou 5 mL, 1 c. à thé, déshydraté） | 1 c. à soupe | 15 mL |
| Produit de parmesan léger râpé | 2 c. à soupe | 30 mL |
| Mozzarella partiellement écrémé, râpé (facultatif) | ½ tasse | 125 mL |

Laisser mijoter les gnocchis non cuits, en 2 ou 3 tournées, dans l'eau additionnée de sel environ 6 minutes, jusqu'à ce qu'ils remontent à la surface et y demeurent pendant 1 minute. Les retirer de l'eau avec une écumoire et les poser dans une cocotte de 2 L (2 pte) légèrement graissée.

Faire sauter l'ail dans l'huile dans une petite poêle à revêtement antiadhésif environ 30 secondes, jusqu'à ce qu'il soit mou. Ajouter les tomates, le sucre, le sel et le poivre et laisser bouillir pendant 5 minutes à découvert, jusqu'à ce que la préparation ait légèrement réduit.

Incorporer le basilic en remuant. Donne 375 mL (1½ tasse).

Verser la purée de tomates sur les gnocchis. Répandre le parmesan et le mozzarella sur le dessus. Cuire au four à découvert à 350 °F (175 °C) environ 20 minutes. Pour 8 personnes.

*1 portion : 240 calories; 1 g de matières grasses (0,3 g de gras saturés, 0,6 mg de cholestérol); 115 mg de sodium; 7 g de protéines; 51 g de glucides; 3 g de fibres alimentaires*

Photo à la page 126.

# Pâtes Margarita

*Ce plat est aux couleurs du drapeau italien—rouge, vert et blanc.*

| | | |
|---|---|---|
| Linguine (longues pâtes plates) | 8 oz | 225 g |
| Eau bouillante | 2 pte | 2 L |
| Sel | 2 c. à thé | 10 mL |
| Eau | ¼ tasse | 60 mL |
| Bouillon de légumes en poudre | ½ c. à thé | 2 mL |
| Gousses d'ail, émincées | 2 | 2 |
| Fécule de maïs | 2 c. à thé | 10 mL |
| Eau | ¼ tasse | 60 mL |
| Feuilles d'épinards fraîches, tiges ôtées, légèrement tassées | 8 tasses | 2 L |
| Tomates italiennes mûres, coupées en dés | 3 tasses | 750 mL |
| Origan en feuilles, déshydraté | ¼ à ½ c. à thé | 1 à 2 mL |
| Sel, une pincée | | |
| Poivre frais moulu, une pincée | | |
| Pignons, grillés et hachés (facultatif) | 2 c. à soupe | 30 mL |

Cuire les pâtes dans l'eau bouillante additionnée de la première quantité de sel dans un faitout pendant 8 à 10 minutes, en remuant de temps en temps, jusqu'à ce qu'elles soient tendres, mais encore fermes. Les égoutter et les garder au chaud.

Chauffer la première quantité d'eau et le bouillon en poudre dans une grande poêle à revêtement antiadhésif. Faire sauter l'ail environ 2 minutes, jusqu'à ce qu'il soit mou.

Combiner la fécule de maïs et la seconde quantité d'eau. Ajouter le tout au mélange d'ail. Remuer jusqu'à ce que la préparation bouille et épaississe.

Incorporer les épinards en remuant. Couvrir. Cuire pendant 2 à 3 minutes, jusqu'à ce que les épinards soient tout juste mous. Ne pas les cuire trop longtemps. Ajouter les tomates et l'origan. Remuer doucement. Couvrir. Cuire pendant 3 minutes, le temps de réchauffer les tomates.

Ajouter les secondes quantités de sel et de poivre. Verser la préparation sur les pâtes. Remuer. Garnir de pignons. Pour 4 personnes.

*1 portion* : 255 calories; 1,5 g de matières grasses (0,2 g de gras saturés, trace de cholestérol); 144 mg de sodium; 10 g de protéines; 51 g de glucides; 5 g de fibres alimentaires

Photo à la page 71.

# Pâte au basilic et à l'ail

*Une pâte savoureuse.*

| | | |
|---|---|---|
| Farine tout usage (ou semoule durum) | 2 tasses | 500 mL |
| Sel | 1 c. à thé | 5 mL |
| Gousses d'ail, émincées | 5 | 5 |
| Basilic déshydraté, broyé | 1 c. à thé | 5 mL |
| Produit d'œufs surgelé, dégelé | ⅓ tasse | 75 mL |
| Eau tiède, environ | ⅓ tasse | 75 mL |

Combiner la farine, le sel, l'ail et le basilic dans le robot culinaire ou dans un grand bol.

Combiner le produit d'œufs et l'eau tiède dans une petite tasse. L'ajouter peu à peu aux premiers ingrédients en la versant dans la cheminée du robot, pendant que celui-ci fonctionne, jusqu'à obtenir une boule de pâte ou la combiner peu à peu au mélange de farine dans le bol, jusqu'à obtenir une boule de pâte molle. Rajouter un peu d'eau si la pâte est trop sèche. Pétrir la pâte sur une surface légèrement enfarinée jusqu'à ce qu'elle soit lisse. L'envelopper dans une pellicule plastique. Laisser reposer 30 minutes.

Abaisser le ¼ de la pâte en une feuille très mince (environ 1,5 mm, ¹⁄₁₆ po), sur une surface légèrement enfarinée, en la saupoudrant de farine tout usage pour l'empêcher de coller. Laisser la pâte sécher pendant 10 minutes. La retourner et la laisser reposer 10 minutes de plus. Enrouler la pâte sans la serrer, comme on le ferait d'un gâteau roulé. Pour façonner les nouilles, couper la pâte sur la largeur en tranches de 6 mm (¼ po), avec un couteau affûté. Remuer délicatement la pâte pour dérouler les nouilles. Refaire ces étapes avec le reste de la pâte. Donne environ 454 g (1 lb) de pâtes non cuites.

*85 g (3 oz) de pâtes non cuites : 193 calories; 0,6 g de matières grasses (0,1 g de gras saturés, 0 mg de cholestérol); 540 mg de sodium; 7 g de protéines; 39 g de glucides; 2 g de fibres alimentaires*

# Pâte aux piments

*Une pâte subtilement « épicée ».*

| | | |
|---|---|---|
| Farine tout usage (ou semoule durum) | 2 tasses | 500 mL |
| Sel | 1 c. à thé | 5 mL |
| Piments rouges du Chili broyés fin | 2 c. à thé | 10 mL |
| Produit d'œufs surgelé, dégelé | ⅓ tasse | 75 mL |
| Jus de tomate (ou eau), environ | ⅓ tasse | 75 mL |

Combiner la farine, le sel et les piments dans le robot culinaire ou dans un grand bol.

*(suite...)*

Combiner le produit d'œufs et le jus de tomate dans une petite tasse. Ajouter peu à peu ce mélange aux premiers ingrédients en le versant dans la cheminée du robot, pendant que celui-ci fonctionne, jusqu'à obtenir une boule de pâte ou le combiner peu à peu au mélange de farine dans le bol, jusqu'à obtenir une boule de pâte molle. Rajouter un peu de jus de tomate si la pâte est trop sèche. Pétrir la pâte sur une surface légèrement enfarinée jusqu'à ce qu'elle soit lisse. L'envelopper dans une pellicule plastique. Laisser reposer 30 minutes.

Abaisser la $^1/_2$ de la pâte en une feuille très mince (environ 1,5 mm, $^1/_{16}$ po), sur une surface légèrement enfarinée, en la saupoudrant de farine tout usage pour l'empêcher de coller. Laisser la pâte sécher pendant 10 minutes. La retourner et la laisser reposer 10 minutes de plus. Enrouler la pâte sans la serrer, comme on le ferait d'un gâteau roulé. Pour façonner les nouilles, couper la pâte sur la largeur en tranches de 6 mm ($^1/_4$ po), avec un couteau affûté. Remuer délicatement la pâte pour dérouler les nouilles. Refaire ces étapes avec le reste de la pâte. Donne 454 g (1 lb) de pâtes non cuites.

*85 g (3 oz) de pâtes non cuites : 193 calories; 0,7 g de matières grasses (0,1 g de gras saturés, 0 mg de cholestérol); 596 mg de sodium; 7 g de protéines; 39 g de glucides; 2 g de fibres alimentaire*

Photo à la page 108.

---

# Pâte aux oignons verts

*Cette pâte blanche est parsemée de brins d'oignon vert.*

| | | |
|---|---|---|
| Oignons verts, hachés | 3 | 3 |
| Produit d'œufs surgelé, dégelé | $^1/_3$ tasse | 75 mL |
| Eau tiède, environ | $^2/_3$ tasse | 150 mL |
| Farine tout usage | 2$^1/_2$ tasses | 625 mL |
| Sel | 1 c. à thé | 5 mL |

Combiner l'oignon vert, le produit d'œufs et l'eau tiède dans le mélangeur jusqu'à ce l'oignon vert soit haché très fin.

Mettre la farine et le sel dans le robot culinaire ou dans un grand bol. Ajouter peu à peu le mélange d'oignon vert en le versant dans la cheminée du robot, pendant que celui-ci fonctionne, jusqu'à obtenir une boule de pâte ou le combiner peu à peu au mélange de farine dans le bol, jusqu'à obtenir une boule de pâte molle. Rajouter un peu d'eau si la pâte est trop sèche. Pétrir la pâte sur une surface légèrement enfarinée jusqu'à ce qu'elle soit lisse. L'envelopper dans une pellicule plastique. Laisser reposer 30 minutes.

Abaisser la $^1/_2$ de la pâte en une feuille très mince (environ 1,5 mm, $^1/_{16}$ po), sur une surface légèrement enfarinée, en la saupoudrant de farine tout usage au besoin pour l'empêcher de coller. Laisser la pâte sécher pendant 10 minutes. La retourner et la laisser reposer 10 minutes de plus. Enrouler la pâte sans la serrer, comme on le ferait d'un gâteau roulé. Pour façonner les nouilles, couper la pâte sur la largeur en tranches de 6 mm ($^1/_4$ po), avec un couteau affûté. Remuer délicatement la pâte pour dérouler les nouilles. Refaire ces étapes avec le reste de la pâte. Donne 560 g (1$^1/_4$ lb) de pâtes non cuites.

*85 g (3 oz) de pâtes non cuites : 187 calories; 0,6 g de matières grasses (0,1 g de gras saturés, 0 mg de cholestérol); 432 mg de sodium; 7 g de protéines; 38 g de glucides; 2 g de fibres alimentaires*

Photo à la page 108.

# Gnocchis aux pommes de terre

*Gnocchi (NI-O-ki) signifie beignet en italien. Les gnocchis sont délicieux avec le pesto au basilic, page 78, ou la sauce bolonaise, page 114.*

| | | |
|---|---|---|
| Pommes de terre, pelées (environ 6 moyennes) | 1½ lb | 680 g |
| Eau | 2 tasses | 500 mL |
| Sel | 2 c. à thé | 10 mL |
| Farine tout usage, environ | 2½ tasses | 625 mL |

Couper les pommes de terre en morceaux de taille égale et les mettre dans une casserole moyenne avec l'eau et le sel. Porter à ébullition. Cuire les pommes de terre jusqu'à ce qu'elles soient tendres. Les égoutter. Écraser les pommes de terre chaudes dans un grand bol. Incorporer peu à peu la farine, en remuant, jusqu'à obtenir une pâte ferme. (La quantité de farine est fonction de la teneur en eau des pommes de terre.)

Façonner des cordons de pâte de 12 à 20 mm (½ à ¾ po) de diamètre, en travaillant sur une surface légèrement enfarinée. Couper les cordons en morceaux de 2,5 cm (1 po) de long. On peut modeler le bord des gnocchis en roulant doucement la pâte contre la paroi d'une râpe. Donne 2 L (8 tasses).

*250 mL (1 tasse) : 223 calories; 0,5 g de matières grasses (0,1 g de gras saturés, trace de cholestérol); 5 mg de sodium; 6 g de protéines; 49 g de glucides; 2 g de fibres alimentaires*

---

# Pâte au citron et au poivre

*Délicieuse avec les fruits de mer, les sauces au vin ou la Crème de brocoli, page 122.*

| | | |
|---|---|---|
| Farine tout usage | 2½ tasses | 625 mL |
| Sel | 1 c. à thé | 5 mL |
| Zeste d'un citron, râpé | | |
| Poivre frais moulu | 1 c. à thé | 5 mL |
| Jus d'un citron, additionné d'eau pour obtenir | ⅔ tasse | 150 mL |
| Produit d'œufs surgelé, dégelé | ⅓ tasse | 75 mL |

Combiner les 4 premiers ingrédients dans le robot culinaire ou dans un grand bol.

Combiner le jus de citron, l'eau et le produit d'œufs dans une petite tasse. Ajouter ce mélange peu à peu aux premiers ingrédients en le versant dans la cheminée du robot, pendant que celui-ci fonctionne, jusqu'à obtenir une boule de pâte ou le combiner peu à peu au mélange de farine dans le bol, jusqu'à obtenir une boule de pâte molle. Rajouter un peu d'eau si la pâte est trop sèche. Pétrir la pâte sur une surface légèrement enfarinée jusqu'à ce qu'elle soit lisse. L'envelopper dans une pellicule plastique. Laisser reposer 30 minutes.

*(suite...)*

Abaisser la $\frac{1}{2}$ de la pâte en une feuille très mince (environ 1,5 mm, $\frac{1}{16}$ po), sur une surface légèrement enfarinée, en la saupoudrant de farine tout usage au besoin pour l'empêcher de coller. Laisser la pâte sécher pendant 10 minutes. La retourner et la laisser reposer 10 minutes de plus. Enrouler la pâte sans la serrer, comme on le ferait d'un gâteau roulé. Pour façonner les nouilles, couper la pâte sur la largeur en tranches de 6 mm ($\frac{1}{4}$ po), avec un couteau affûté. Remuer délicatement la pâte pour dérouler les nouilles. Refaire ces étapes avec le reste de la pâte. Donne 560 g (1$\frac{1}{4}$ lb) de pâtes non cuites.

*85 g (3 oz) de pâtes non cuites : 191 calories; 0,6 g de matières grasses (0,1 g de gras saturés, 0 mg de cholestérol); 432 mg de sodium; 7 g de protéines; 40 g de glucides; 2 g de fibres alimentaires*

# Pâte au blé entier

*Cette pâte est très tendre.*

| | | |
|---|---|---|
| Farine de blé entier | 2$\frac{1}{4}$ tasses | 560 mL |
| Sel | 1 c. à thé | 5 mL |
| Eau tiède, environ | $\frac{1}{2}$ tasse | 125 mL |
| Produit d'œufs surgelé, dégelé | 6 c. à soupe | 100 mL |
| Huile d'olive | 1 c. à thé | 5 mL |

Combiner la farine et le sel dans le robot culinaire ou dans un grand bol.

Combiner l'eau tiède, le produit d'œufs et l'huile dans une petite tasse. Ajouter peu à peu ce mélange aux premiers ingrédients en le versant dans la cheminée du robot, pendant que celui-ci fonctionne, jusqu'à obtenir une boule de pâte ou le combiner peu à peu au mélange de farine dans le bol, jusqu'à obtenir une boule de pâte molle. Rajouter un peu d'eau si la pâte est trop sèche. Pétrir la pâte sur une surface légèrement enfarinée jusqu'à ce qu'elle soit lisse. L'envelopper dans une pellicule plastique. Laisser reposer 30 minutes.

Abaisser la $\frac{1}{2}$ de la pâte en une feuille très mince (environ 1,5 mm, $\frac{1}{16}$ po), sur une surface légèrement enfarinée. Laisser la pâte sécher pendant 10 minutes. La retourner et la laisser reposer 10 minutes de plus. Enrouler la pâte sans la serrer, comme on le ferait d'un gâteau roulé. Pour façonner les nouilles, couper la pâte sur la largeur en tranches de 6 mm ($\frac{1}{4}$ po), avec un couteau affûté. Remuer délicatement la pâte pour dérouler les nouilles. Refaire ces étapes avec le reste de la pâte. Donne environ 454 g (1 lb) de pâtes non cuites.

*85 g (3 oz) de pâtes non cuites : 198 calories; 2 g de matières grasses (0,3 g de gras saturés, 0 mg de cholestérol); 544 mg de sodium; 9 g de protéines; 39 g de glucides; 7 g de fibres alimentaires*

Photo à la page 108.

# Pâte de base

*La semoule durum est vendue dans la plupart des grands magasins d'alimentation et dans des magasins spécialisés.*

| | | |
|---|---|---|
| Farine tout usage (ou semoule durum), environ | 3 tasses | 750 mL |
| Sel | 1 c. à thé | 5 mL |
| Eau tiède, environ | 1 tasse | 250 mL |

Mettre la farine et le sel dans le robot culinaire ou dans un grand bol. Creuser un puits au centre.

Ajouter peu à peu l'eau tiède aux premiers ingrédients en la versant dans la cheminée du robot, pendant que celui-ci fonctionne, jusqu'à obtenir une boule de pâte ou la combiner peu à peu au mélange de farine dans le bol, jusqu'à obtenir une boule de pâte molle. Rajouter un peu d'eau si la pâte est trop sèche. Pétrir la pâte jusqu'à ce qu'elle soit lisse. L'envelopper dans une pellicule plastique. Laisser reposer 15 minutes.

Abaisser le ¼ de la pâte en une feuille très mince (environ 1,5 mm, ¹/₁₆ po), sur une surface légèrement enfarinée, en la saupoudrant de farine tout usage pour l'empêcher de coller. Laisser la pâte sécher pendant 10 minutes. La retourner et la laisser reposer 10 minutes de plus. Enrouler la pâte sans la serrer, comme on le ferait d'un gâteau roulé. Pour façonner les nouilles, couper la pâte sur la largeur en tranches de 6 mm (¼ po), avec un couteau affûté. Remuer délicatement la pâte pour dérouler les nouilles. Les saupoudrer d'un peu de farine tout usage pour les empêcher de coller. Refaire ces étapes avec le reste de la pâte. Donne environ 680 g (1½ lb) de pâtes non cuites.

*85 g (3 oz) de pâtes non cuites : 180 calories; 0,5 g de matières grasses (0,1 g de gras saturés, 0 mg de cholestérol); 340 mg de sodium; 5 g de protéines; 38 g de glucides; 2 g de fibres alimentaires*

**LASAGNES :** Pour faire des lasagnes, abaisser la pâte à environ 1,5 mm (¹/₁₆ po) d'épaisseur et la couper en bandes de 5 × 25 cm (2 × 10 po).

**NOUILLES À SOUPE :** Abaisser le ¼ de la pâte en une feuille très mince (environ 1,5 mm, ¹/₁₆ po), sur une surface légèrement enfarinée, en la saupoudrant de farine tout usage pour l'empêcher de coller. La couper en longues bandes de 10 cm (4 po) de large et laisser sécher pendant 10 minutes sur une surface légèrement enfarinée. Retourner les bandes et les laisser reposer 10 minutes de plus. Poser les bandes les unes sur les autres. Couper la pâte avec un couteau affûté tenu sur le travers d'un côté, puis sur l'autre, pour former des pâtes courtes de forme irrégulière.

*conseil* La cuisson des gnocchis se fait dans de l'eau frémissante et non bouillante à gros bouillons. Quand l'eau bout rapidement, les gnocchis se défont en miettes.

# Pâte aux œufs

*La teneur en matières grasses est réduite par l'emploi de produit d'œufs.*

| | | |
|---|---|---|
| Farine tout usage (ou semoule durum) | 3 tasses | 750 mL |
| Sel | 1 c. à thé | 5 mL |
| Produit d'œufs surgelé, dégelé | 8 oz | 227 mL |
| Eau tiède | 1 à 2 c. à soupe | 15 à 30 mL |

Mettre la farine et le sel dans le robot culinaire ou dans un grand bol. Creuser un puits au centre.

Ajouter peu à peu le produit d'œufs et l'eau tiède aux premiers ingrédients en les versant dans la cheminée du robot, pendant que celui-ci fonctionne, jusqu'à obtenir une boule de pâte ou les combiner peu à peu au mélange de farine dans le bol, jusqu'à obtenir une boule de pâte molle. Rajouter un peu d'eau si la pâte est trop sèche. Pétrir la pâte jusqu'à ce qu'elle soit lisse. L'envelopper dans une pellicule plastique. Laisser reposer 30 minutes.

Abaisser le de la pâte en une feuille très mince (environ 1,5 mm, $^1/_{16}$ po), sur une surface légèrement enfarinée, en la saupoudrant de farine tout usage au besoin pour l'empêcher de coller. Laisser la pâte sécher pendant 10 minutes. La retourner et la laisser reposer 10 minutes de plus. Enrouler la pâte sans la serrer, comme on le ferait d'un gâteau roulé. Pour façonner les nouilles, couper la pâte sur la largeur en tranches de 6 mm ($^1/_4$ po), avec un couteau affûté. Remuer délicatement la pâte pour dérouler les nouilles. Les saupoudrer d'un peu de farine tout usage pour les empêcher de coller. Refaire ces étapes avec le reste de la pâte. Donne environ 680 g (1$^1/_2$ lb) de pâtes non cuites.

*85 g (3 oz) de pâtes non cuites : 196 calories; 0,7 g de matières grasses (0,1 g de gras saturés, 0 mg de cholestérol); 395 mg de sodium; 8 g de protéines; 38 g de glucides; 2 g de fibres alimentaires*

*conseil*    *La préparation de pâtes maison, quand on a un robot culinaire, est très simple puisque le pétrissage se fait à la machine. Une fois que les ingrédients forment une boule, travailler la pâte pendant 1 minute de plus.*

# Gratin de pâtes et de jambon

*La sauce est douce et riche. La préparation ne prend que 15 minutes.*

| | | |
|---|---|---|
| Grosses nouilles sans jaunes d'œufs (225 g, 8 oz) | 4 tasses | 1 L |
| Eau bouillante | 2 pte | 2 L |
| Sel | 2 c. à thé | 10 mL |
| Oignon moyen, haché fin | ½ | ½ |
| Margarine | 2 c. à thé | 10 mL |
| Jambon maigre, haché | 4 oz | 113 g |
| Fromage cottage sans matières grasses | ⅔ tasse | 150 mL |
| Produit d'œufs surgelé, dégelé | ⅓ tasse | 75 mL |
| Fromage à la crème tartinable léger | ¼ tasse | 60 mL |
| Sel | ½ c. à thé | 2 mL |
| Poivre | ⅛ c. à thé | 0,5 mL |
| Tomates moyennes, tranchées | 2 | 2 |

Paprika, une pincée

Cuire les pâtes dans l'eau bouillante additionnée de la première quantité de sel dans une grande casserole environ 10 minutes, en remuant de temps en temps, jusqu'à ce qu'elles soient tendres, mais encore fermes. Les égoutter et les rincer à l'eau froide. Égoutter. Verser les pâtes dans une cocotte de 2 L (2 pte) graissée.

Faire sauter l'oignon dans la margarine dans une petite poêle à revêtement antiadhésif jusqu'à ce qu'il soit mou. L'ajouter aux nouilles. Incorporer le jambon en remuant.

Combiner les 5 prochains ingrédients dans le mélangeur. Travailler le tout jusqu'à ce que la préparation soit lisse, puis l'ajouter au mélange de nouilles. Bien mélanger.

Disposer les tranches de tomates sur les nouilles.

Saupoudrer de paprika. Cuire au four à découvert in 325 °F (160 °C) environ 30 minutes, jusqu'à ce que le gratin soit ferme. Pour 6 personnes.

*1 portion : 195 calories; 4 g de matières grasses (1,5 g de gras saturés, 14,1 mg de cholestérol); 693 mg de sodium; 15 g de protéines; 25 g de glucides; 1 g de fibres alimentaires*

Photo à la page 18.

1. Sauce au poulet hunan, page 106
2. Sauce au cari et à la noix de coco, page 105
3. Bœuf et légumes à l'orientale, page 23
4. Fricassé de poisson asiatique, page 58
5. Soupe aux lentilles et aux pâtes, page 120
6. Souper indonésien, page 92

Accessoires fournis par : Chintz & Company
Stokes
The Basket House

Plats de porc

# Pâtes carbonara

*La sauce crémeuse est « réconfortante ». Servir le plat avec des petits pains et une salade.*

| | | |
|---|---|---|
| Vin blanc (ou vin sans alcool) | ½ tasse | 125 mL |
| Bacon de dos maigre, coupé en petits dés | 3 oz | 85 g |
| Gousse d'ail, émincée | 1 | 1 |
| Échalote moyenne, hachée fin | 1 | 1 |
| Lait écrémé évaporé | 13½ oz | 385 mL |
| Produit d'œufs surgelé, dégelé | 8 oz | 227 mL |
| Produit de parmesan léger râpé | 2 c. à soupe | 30 mL |
| Sel | ½ c. à thé | 2 mL |
| Spaghetti (longues pâtes) | 8 oz | 225 g |
| Eau bouillante | 2 pte | 2 L |
| Sel | 2 c. à thé | 10 mL |
| Petits pois fins, cuits | 1 tasse | 250 mL |

Poivre frais moulu, une pincée

Laisser mijoter le vin dans une casserole moyenne. Ajouter le bacon, l'ail et l'échalote. Laisser mijoter, en remuant de temps en temps, jusqu'à ce que l'échalote soit molle.

Combiner le lait évaporé, le produit d'œufs, le parmesan et la première quantité de sel dans un bol. Incorporer au mélange de vin avec un fouet. Cuire pendant 5 à 6 minutes, sans cesser de travailler la sauce au fouet.

Cuire les pâtes dans l'eau bouillante additionnée de la seconde quantité de sel dans un faitout pendant 8 à 10 minutes, en remuant de temps en temps, jusqu'à ce qu'elles soient tendres. Les égoutter et les remettre dans le faitout. Les napper de sauce. Ajouter les pois. Remuer légèrement. Couvrir. Laisser reposer pendant 5 à 10 minutes. Remuer.

Poivrer. Pour 4 personnes.

*1 portion : 425 calories; 3,5 g de matières grasses (1,1 g de gras saturés, 15,6 mg de cholestérol); 932 mg de sodium; 30 g de protéines; 63 g de glucides; 4 g de fibres alimentaires*

1. Soupe de tomates aux fines herbes, page 118
2. Ambroisie, page 47
3. Salade de poulet au gingembre, page 102
4. Pâtes aux poivrons jaunes, page 76
5. Salsa froide aux champignons, page 113
6. Étoiles au citron, page 76

Accessoires fournis par : La Baie

Plats de porc

# Souper indonésien

*Ce plat qui n'est pas trop épicé prend une dizaine de minutes à préparer.*

| | | |
|---|---|---|
| Vermicelles (longues pâtes fines), brisés en deux | 8 oz | 225 g |
| Eau bouillante | 2 pte | 2 L |
| Sel | 2 c. à thé | 10 mL |
| Longe de porc désossée, dépouillée et coupée en dés de 12 mm (½ po) | ½ lb | 225 g |
| Gros oignon, haché | 1 | 1 |
| Gousses d'ail, émincées | 3 | 3 |
| Huile de cuisson | 2 c. à thé | 10 mL |
| Sauce aux huîtres | 3 c. à soupe | 50 mL |
| Poudre de chili | 2 c. à thé | 10 mL |
| Pâte de cari (vendue au rayon des produits importés dans les magasins d'alimentation) | 1 c. à thé | 5 mL |
| Céleri, tranché fin sur la diagonale | 2 tasses | 500 mL |
| Petit chou, finement déchiqueté | ½ | ½ |
| Sauce soja à teneur en sel réduite | 3 c. à soupe | 50 mL |
| Sel | ½ c. à thé | 2 mL |
| Poivre, une pincée | | |
| Crevettes cuites | 6 oz | 170 g |

Cuire les pâtes dans l'eau additionnée de la première quantité de sel dans un faitout pendant 5 à 6 minutes, en remuant de temps en temps, jusqu'à ce qu'elles soient tendres, mais encore fermes. Les égoutter et les rincer à l'eau froide. Égoutter.

Faire sauter le porc, l'oignon et l'ail dans l'huile dans un grand wok à revêtement antiadhésif pendant environ 5 minutes.

Incorporer en remuant les 8 prochains ingrédients. Couvrir. Cuire pendant 6 minutes, jusqu'à ce que le chou soit cuit et ait diminué.

Ajouter les pâtes et les crevettes. Remuer pour les réchauffer. Servir sur-le-champ. Pour 8 personnes.

*1 portion : 220 calories; 3,9 g de matières grasses (0,8 g de gras saturés, 57,9 mg de cholestérol); 632 mg de sodium; 16 g de protéines; 30 g de glucides; 2 g de fibres alimentaires*

Photo à la page 89.

# Fiesta au basilic crémeux

*Une salade rafraîchissante pendant les chaudes journées de l'été.*

| | | |
|---|---|---|
| Fusilli trois couleurs (spirales), 225 g (8 oz) | 2⅔ tasses | 650 mL |
| Eau bouillante | 3 pte | 3 L |
| Sel | 1 c. à soupe | 15 mL |
| Bouquets de brocoli | 2 tasses | 500 mL |
| Bouquets de chou-fleur | 2 tasses | 500 mL |
| Carotte, tranchée fin | 1 tasse | 250 mL |
| Poivron vert, coupé en dés | ½ tasse | 125 mL |
| Poivron rouge ou jaune, coupé en dés | ½ tasse | 125 mL |
| Oignons verts, tranchés | 2 | 2 |
| Yogourt nature sans matières grasses | ½ tasse | 125 mL |
| Crème sure sans matières grasses | ½ tasse | 125 mL |
| Vin blanc (ou vin sans alcool) | ¼ tasse | 60 mL |
| Pesto au basilic, page 78 (ou commercial) | 1 c. à soupe | 15 mL |
| Gousse d'ail, émincée | 1 | 1 |
| Moutarde en poudre | ½ c. à thé | 2 mL |
| Origan entier, déshydraté, broyé | ½ c. à thé | 2 mL |
| Sel | 1 c. à thé | 5 mL |
| Poivre frais moulu, une pincée | | |
| Tomates cerises, coupées en deux (ou tomates coupées en dés) | 1 tasse | 250 mL |

Cuire les pâtes dans l'eau additionnée de la première quantité de sel dans un faitout environ 7 minutes, en remuant de temps en temps. Elles devraient être assez fermes.

Ajouter le brocoli, le chou-fleur et les carottes. Porter à ébullition. Laisser bouillir pendant 1 minute. Égoutter et rincer à l'eau froide. Égoutter. Verser le tout dans un grand bol.

Ajouter les poivrons et l'oignon vert. Remuer.

Combiner les 9 prochains ingrédients dans un petit bol. Mélanger jusqu'à ce que la préparation soit lisse. Ajouter le tout au mélange de pâtes. Remuer doucement pour napper le tout. Couvrir et réfrigérer.

Garnir chaque portion d'une moitié de tomate. Donne 2,5 L (10 tasses).

*250 mL (1 tasse) : 129 calories; 1,4 g de matières grasses (0,2 g de gras saturés, 0,4 mg de cholestérol); 308 mg de sodium; 5 g de protéines; 23 g de glucides; 2 g de fibres alimentaires*

Photo à la page 17.

# Salade de tortellini et de tzatziki

*La sauce tzatziki (tsâ-TSI-ki) rappelle la Grèce. À servir avec du pain pita.*

### SAUCE TZATZIKI

| | | |
|---|---|---|
| Concombre anglais, non pelé, râpé | 1 tasse | 250 mL |
| Sel | 1 c. à thé | 5 mL |
| Yogourt nature sans matières grasses | 1 tasse | 250 mL |
| Gousse d'ail, émincée | 1 | 1 |
| Menthe fraîche, râpée | 2 c. à soupe | 30 mL |
| Miel liquide | 1 c. à thé | 5 mL |
| Sel | ⅛ c. à thé | 0,5 mL |

### SALADE

| | | |
|---|---|---|
| Tortellini au fromage (frais ou surgelés) (500 mL, 2 tasses) | ½ lb | 225 g |
| Eau bouillante | 2 pte | 2 L |
| Sel | 2 c. à thé | 10 mL |
| Petit oignon rouge, tranché fin | 1 | 1 |
| Tige de céleri moyenne, tranchée fin | 1 | 1 |
| Poivron vert, rouge, orange ou jaune, finement émincé | ½ | ½ |
| Tomates cerises, coupées en deux (ou une tomate moyenne, évidée et coupée en dés) | 10 | 10 |

**Sauce tzatziki :** Mettre le concombre dans une passoire posée sur un bol moyen. Le saupoudrer de la première quantité de sel. Remuer. Laisser le concombre égoutter pendant 30 minutes, en l'écrasant à plusieurs reprises pour en dégager autant de liquide que possible. Le verser dans un bol moyen. Ajouter le yogourt, l'ail, la menthe, le miel et la seconde quantité de sel. Bien mélanger. Réfrigérer au moins 2 heures. Donne 400 mL (1⅔ tasse) de sauce.

**Salade :** Cuire les pâtes dans l'eau bouillante additionnée de la troisième quantité de sel dans un faitout pendant 10 à 12 minutes, en remuant de temps en temps, jusqu'à ce qu'elles soient tendres, mais encore fermes. Les égoutter et les rincer à l'eau froide. Égoutter. Les mettre dans un grand bol.

Ajouter l'oignon, le céleri, le poivron vert et les tomates. Remuer. Couvrir et réfrigérer. Combiner la salade et la sauce au moment de servir. Donne 1,75 L (7 tasses).

*250 mL (1 tasse) : 102 calories; 2,9 g de matières grasses (trace de gras saturés, 20 mg de cholestérol); 554 mg de sodium; 6 g de protéines; 13 g de glucides; 1 g de fibres alimentaires*

Photo à la page 107.

# Salade aux crevettes veloutée

*Cette salade est servie sur des feuilles de laitue arrangées en tasse, dans des tomates vidées ou sur un lit de laitue.*

| | | |
|---|---|---|
| Coquillettes (très petites pâtes) | 1 tasse | 250 mL |
| Eau bouillante | 6 tasses | 1,5 L |
| Sel | 1½ c. à thé | 7 mL |
| Tomates moyennes mûres, évidées et hachées | 3 | 3 |
| Poivron vert, coupé en petits dés | ½ tasse | 125 mL |
| Petites crevettes cuites, en conserve (154 g, 5½ oz) | 1 tasse | 250 mL |
| Oignons verts, tranchés fin | 2 | 2 |
| Sauce à salade sans matières grasses (ou mayonnaise) | ¼ tasse | 60 mL |
| Crème sure sans matières grasses | ¼ tasse | 60 mL |
| Sauce cocktail | 3 c. à soupe | 50 mL |
| Jus de citron | 1 c. à soupe | 15 mL |
| Raifort préparé | ¼ c. à thé | 1 mL |
| Sucre granulé | ⅛ c. à thé | 0,5 mL |
| Sel | ⅛ c. à thé | 0,5 mL |
| Poivre frais moulu, une pincée | | |

Cuire les pâtes dans l'eau additionnée de la première quantité de sel dans une grande casserole pendant 10 à 12 minutes, en remuant de temps en temps, jusqu'à ce qu'elles soient tendres, mais encore fermes. Les égoutter et les rincer à l'eau froide. Égoutter. Les mettre dans un bol moyen.

Ajouter les tomates, le poivron vert, les crevettes et l'oignon vert. Remuer.

Mélanger les 8 derniers ingrédients dans un petit bol. Verser ce mélange sur les pâtes. Bien mélanger. Donne 1,5 L (6 tasses).

*250 mL (1 tasse) : 125 calories; 0,8 g de matières grasses (0,1 g de gras saturés, 44 mg de cholestérol); 294 mg de sodium; 8 g de protéines; 21 g de glucides; 1 g de fibres alimentaires*

Photo à la page 35.

*conseil* *Lorsque des pâtes cuites ont reposé trop longtemps et qu'elles sont collées ensemble, les mettre dans un grand récipient et y ajouter de l'eau chaude (mais pas bouillante). On peut également réserver l'eau de cuisson des pâtes et l'utiliser de la même façon. Remuer les pâtes rapidement pour les décoller. Les égoutter et servir sur-le-champ.*

# Salade de pâtes et de haricots

*La salade parfaite pour un pique-nique.*

**VINAIGRETTE BALSAMIQUE**

| | | |
|---|---|---|
| Vinaigrette italienne sans matières grasses | ¹/₂ tasse | 125 mL |
| Jus réservé des tomates | | |
| Produit de parmesan léger râpé | 2 c. à soupe | 30 mL |
| Vinaigre balsamique | 1 c. à soupe | 15 mL |
| Petite gousse d'ail, émincée | 1 | 1 |
| Sucre granulé | 1 c. à thé | 5 mL |
| Basilic déshydraté, une petite pincée | | |
| Thym, une petite pincée | | |

**SALADE**

| | | |
|---|---|---|
| Macaroni (petites pâtes), 225 g (8 oz) | 2 tasses | 500 mL |
| Eau bouillante | 2 pte | 2 L |
| Sel | 2 c. à thé | 10 mL |
| Haricots mélangés en conserve, égouttés et rincés | 19 oz | 540 mL |
| Oignon rouge moyen, tranché fin | ¹/₂ | ¹/₂ |
| Poivron vert, rouge, orange ou jaune, coupé en fines tranches de 5 cm (2 po) de long | ¹/₂ | ¹/₂ |
| Carotte moyenne, grossièrement râpée | 1 | 1 |
| Tomates étuvées en conserve, égouttées hachées, jus réservé | 14 oz | 398 mL |

**Vinaigrette balsamique :** Combiner les 8 ingrédients dans un bocal. Couvrir. Bien secouer. Laisser reposer pendant 15 minutes pour que les goûts se mêlent. Donne 325 mL (1¹/₃ tasses) de vinaigrette.

**Salade :** Cuire les pâtes dans l'eau bouillante additionnée du sel dans une grande casserole environ 8 minutes, en remuant de temps en temps, jusqu'à ce qu'elles soient tendres, mais encore fermes. Ne pas les cuire trop longtemps. Égoutter et rincer à l'eau froide. Égoutter. Verser les pâtes dans un grand bol.

Ajouter les 5 derniers ingrédients, puis arroser le tout de vinaigrette. Bien mélanger. On peut servir la salade sur-le-champ ou la réfrigérer dans un récipient couvert et la servir froide. Donne 2 L (8 tasses).

*250 mL (1 tasse) : 178 calories; 1,1 g de matières grasses (0,3 g de gras saturés, 0,6 mg de cholestérol); 421 mg de sodium; 7 g de protéines; 35 g de glucides; 4 g de fibres alimentaires*

Photo à la page 107.

# Petites tomates farcies

*Les petites tomates italiennes fermes et charnues sont idéales pour contenir une farce.*

| | | |
|---|---|---|
| Petites tomates italiennes fermes | 8 | 8 |
| Sel | ½ c. à thé | 2 mL |
| Bouclettes (très petites pâtes) | ⅔ tasse | 150 mL |
| Eau bouillante | 4 tasses | 1 L |
| Sel | 1 c. à thé | 5 mL |
| Fromage à la crème tartinable sans gras, aux fines herbes et à l'ail | ¼ tasse | 60 mL |
| Crème sure sans matières grasses | ¼ tasse | 60 mL |
| Concombre anglais, non pelé, haché fin | ½ tasse | 125 mL |
| Oignon vert, haché fin | 1 c. à soupe | 15 mL |
| Basilic, haché fin | 2 c. à thé | 10 mL |
| Persil frais, haché | 2 c. à thé | 10 mL |
| Sel | ½ c. à thé | 2 mL |
| Poivre frais moulu, une pincée | | |

Couper les tomates en deux sur la largeur. Les vider avec une cuillère. Jeter le jus et les graines. Prélever 125 mL (½ tasse) de la chair et jeter le reste. Saupoudrer la première quantité de sel dans les moitiés de tomates et poser celles-ci à l'envers sur un essuie-tout. Laisser reposer pendant 30 minutes pour les égoutter. Essuyer l'intérieur des tomates avec un essuie-tout.

Cuire les pâtes dans l'eau bouillante additionnée de la seconde quantité de sel dans une casserole moyenne pendant 6 à 7 minutes, en remuant de temps en temps, jusqu'à ce qu'elles soient tendres, mais encore fermes. Les égoutter et les rincer à l'eau froide. Égoutter.

Combiner le fromage à la crème et la crème sure dans un bol moyen. Mélanger jusqu'à ce que la préparation soit lisse.

Incorporer les pâtes en remuant. Ajouter la chair des tomates réservée, le concombre, l'oignon vert, le basilic, le persil, la troisième quantité de sel et le poivre. Bien mélanger. Couvrir. Réfrigérer en attendant que les tomates soient prêtes à farcir. Dresser une cuillère à soupe bien remplie de farce dans chaque moitié de tomate. Donne 16 tomates farcies.

*1 demi-tomate farcie : 32 calories; 0,3 g de matières grasses (trace de gras saturés, 0 mg de cholestérol); 177 mg de sodium; 1 g de protéines; 7 g de glucides; 1 g de fibres alimentaires*

Photo à la page 17.

*conseil* — *Les tomates italiennes, fraîches ou en conserve, conviennent le mieux dans les sauces à base de tomates. Ces savoureuses tomates ovales sont bien assorties au goût plus discret des pâtes.*

# Salade de tomates farcies

*Une réelle salade d'été quand on la fait avec des tomates mûries sur la vigne.*

| | | |
|---|---|---|
| Tomates moyennes, complètement vidées, chair réservée | 6 | 6 |
| Sel | 1 c. à thé | 5 mL |
| Orzo (très petites pâtes) | ½ tasse | 125 mL |
| Eau bouillante | 4 tasses | 1 L |
| Sel | 1 c. à thé | 5 mL |
| Vin blanc (ou vin sans alcool) | ¼ tasse | 60 mL |
| Vinaigre balsamique | 1 c. à thé | 5 mL |
| Chair des tomates réservée, hachée (ôter les graines, au goût) | 1 tasse | 250 mL |
| Pesto au basilic, page 78 (ou commercial) | 1 c. à thé | 5 mL |
| Pectine en grains | ½ c. à thé | 2 mL |
| Poivre frais moulu, une pincée | | |
| Oignon vert, tranché | 1 | 1 |
| Poivron vert, rouge, orange ou jaune, coupé en dés | ¼ tasse | 60 mL |
| Radicchio, finement déchiquetée | ¼ tasse | 60 mL |
| Carotte, râpée | ¼ tasse | 60 mL |

Saupoudrer la première quantité de sel dans les moitiés de tomates et poser celles-ci à l'envers sur un essuie-tout pour qu'elles égouttent.

Cuire les pâtes dans l'eau bouillante additionnée de la seconde quantité de sel dans une grande casserole pendant 8 à 10 minutes, en remuant de temps en temps, jusqu'à ce qu'elles soient tendres, mais encore fermes. Les égoutter et les rincer à l'eau froide. Égoutter. Les mettre dans un bol moyen.

Combiner les 6 prochains ingrédients dans un bocal ou un récipient muni d'un couvercle. Couvrir et bien secouer pour mélanger les ingrédients. Verser cette sauce sur les pâtes.

Incorporer les 4 derniers ingrédients en remuant. Bien combiner le tout. Farcir chaque tomate de salade. Donne 6 tomates farcies.

*1 tomates farcies : 119 calories; 1,3 g de matières grasses (0,2 g de gras saturés, 0,1 mg de cholestérol); 471 mg de sodium; 4 g de protéines; 22 g de glucides; 2 g de fibres alimentaires*

Photo sur la couverture.

# Salade de pâtes orientale

*Un plat simple, qui est prêt en 15 minutes. Une salade à savourer, à l'orientale!*

| | | |
|---|---|---|
| Vermicelles (longues pâtes fines) | 6 oz | 170 g |
| Eau bouillante | 6 tasses | 1,5 L |
| Sel | 1½ c. à thé | 7 mL |
| Chou vert ou rouge, tranché très fin | 3 tasses | 750 mL |
| Châtaignes d'eau tranchées, en conserve, égouttées | 8 oz | 227 mL |
| Tige de céleri, tranchée fin sur la diagonale | 1 | 1 |
| Poivron rouge ou jaune, coupés en fines lanières de 5 cm (2 po) de long | 1 | 1 |
| Champignons frais, tranchés fin | 1 tasse | 250 mL |
| Oignons verts, tranchés fin | 2 | 2 |
| **SAUCE ORIENTALE** | | |
| Vinaigre de riz | 3 c. à soupe | 50 mL |
| Sherry (ou sherry sans alcool) | 1 c. à soupe | 15 mL |
| Sauce soja à teneur réduite en sel | 1 c. à soupe | 15 mL |
| Sauce hoisin | 1 c. à soupe | 15 mL |
| Sucre granulé | 1 c. à thé | 5 mL |
| Huile de sésame | 2 c. à thé | 10 mL |
| Graines de sésame, grillées | 2 c. à thé | 10 mL |

Cuire les pâtes dans l'eau bouillante additionnée du sel dans une grande casserole pendant 5 à 6 minutes, en remuant de temps en temps, jusqu'à ce qu'elles soient tendres, mais encore fermes. Les égoutter et les rincer à l'eau froide. Égoutter. Les mettre dans un grand bol.

Ajouter les 6 prochains ingrédients. Mélanger.

**Sauce orientale :** Combiner les 7 ingrédients dans un petit bol. Fouetter le tout. Donne environ 125 mL (½ tasse) de sauce. Ajouter la sauce à la salade. Bien remuer. On peut servir la salade sur-le-champ ou la réfrigérer dans un récipient couvert et la servir froide. Donne 2,5 L (10 tasses).

*250 mL (1 tasse) : 103 calories; 1,6 g de matières grasses (0,2 g de gras saturés, 0 mg de cholestérol); 146 mg de sodium; 3 g de protéines; 19 g de glucides; 2 g de fibres alimentaires*

Photo à la page 17.

*conseil* *Pour cuire des pâtes longues (comme des spaghetti ou des fettuccine) dans une casserole sans devoir les briser, en prendre une poignée et en plonger l'extrémité dans l'eau bouillante. À mesure que les pâtes ramollissent, les enfoncer dans l'eau en les pliant. Il faut faire attention de ne pas se brûler sur la vapeur ou au contact de l'eau.*

# Salade de dinde aux fruits

*Cette salade subtilement épicée au cari est faite avec des restes de dinde. Elle convient comme plat de résistance ou d'accompagnement.*

### SAUCE AUX FRUITS CRÉMEUSE

| | | |
|---|---|---|
| Sauce à salade ranch sans matières grasses | ½ tasse | 125 mL |
| Yogourt nature sans matières grasses (ou crème sure à faible teneur en matières grasses) | ¼ tasse | 60 mL |
| Jus réservé de la salade de fruits | 2 c. à soupe | 30 mL |
| Poudre de cari | 1 c. à thé | 5 mL |

### SALADE

| | | |
|---|---|---|
| Farfalle (boucles moyennes), 170 g (6 oz) | 2½ tasses | 625 mL |
| Eau bouillante | 2 pte | 2 L |
| Sel | 2 c. à thé | 10 mL |
| Petits pois surgelés | 1 tasse | 250 mL |
| Poitrine de dinde cuite, coupée en cubes de 12 mm (½ po) | 1½ tasse | 375 mL |
| Tige de céleri, tranchée fin | 1 | 1 |
| Oignon vert, tranché fin | 1 | 1 |
| Piments doux, coupés en dés (ou poivron rouge grillé), facultatif | ¼ tasse | 60 mL |
| Salade de fruits en conserve, égouttée, jus réservé | 14 oz | 398 mL |

**Sauce aux fruits crémeuse :** Combiner les 4 ingrédients dans une petite tasse. Laisser reposer pendant 15 minutes pour que les goûts se mêlent. Donne 175 mL (¾ tasse) de sauce.

**Salade :** Cuire les pâtes dans l'eau bouillante additionnée du sel dans une grande casserole pendant 10 minutes, en remuant de temps en temps. Il ne faut pas que les pâtes soient complètement cuites. Ajouter les pois. Laisser bouillir pendant 1 minute. Égoutter et rincer à l'eau froide. Égoutter. Verser le tout dans un bol moyen.

Ajouter les 5 derniers ingrédients. Napper le tout de sauce. Bien remuer. Réfrigérer au moins 1 heure avant de servir. Donne 1,75 L (7 tasses).

*250 mL (1 tasse) : 214 calories; 0,8 g de matières grasses (0,2 g de gras saturés, 26,9 mg de cholestérol); 242 mg de sodium; 15 g de protéines; 36 g de glucides; 3 g de fibres alimentaires*

Photo à la page 107.

# Pâtes aigres-douces fraîches

*Cette salade peut être préparée à l'avance. Elle se conserve trois jours au réfrigérateur.*

| | | |
|---|---|---|
| Carottes, tranchées fin | 3 tasses | 750 mL |
| Eau bouillante | 1 tasse | 250 mL |
| Sel, une petite pincée | | |
| Gousses d'ail, émincées | 2 | 2 |
| Huile de cuisson | 2 c. à thé | 10 mL |
| Sauce tomate | 7$\frac{1}{2}$ oz | 213 mL |
| Sucre granulé | $\frac{1}{2}$ tasse | 125 mL |
| Vinaigre blanc | $\frac{1}{2}$ tasse | 125 mL |
| Moutarde préparée | 2 c. à thé | 10 mL |
| Oignons, tranchés fin | 1 tasse | 250 mL |
| Poivron rouge ou vert, effilés | 1 tasse | 250 mL |
| Fusilli (spirales), 200 g (7 oz) | 2 tasses | 500 mL |
| Eau bouillante | 2 pte | 2 L |
| Sel | 2 c. à thé | 10 mL |
| Concombre anglais non pelé, coupé en dés | 1 tasse | 250 mL |

Cuire les carottes dans l'eau bouillante additionnée du sel dans une casserole moyenne environ 8 minutes jusqu'à ce qu'elles soient tendres, mais encore croquantes. Égoutter.

Faire sauter l'ail dans l'huile dans une grande casserole jusqu'à ce qu'il soit mou, mais sans le laisser brunir. Incorporer la sauce tomate, le sucre, le vinaigre et la moutarde en remuant. Porter à ébullition. Incorporer l'oignon et le poivron vert en remuant. Cuire à découvert pendant 1 minute. Retirer du feu. Verser la préparation dans un bol moyen. Ajouter les carottes. Remuer. Couvrir et réfrigérer.

Cuire les pâtes dans l'eau bouillante additionnée du sel dans une grande casserole pendant 8 minutes, en remuant de temps en temps, jusqu'à ce qu'elles soient tendres, mais encore fermes. Les égoutter et les rincer à l'eau froide. Égoutter. Verser les pâtes dans un grand bol.

Ajouter le mélange de carottes et le concombre. Bien mélanger. Donne 2 L (8 tasses).

*250 mL (1 tasse) : 198 calories; 1,8 g de matières grasses (0,2 g de gras saturés, 0 mg de cholestérol); 204 mg de sodium; 5 g de protéines; 42 g de glucides; 3 g de fibres alimentaires*

Photo à la page 17.

*conseil*    *Au lieu de simplement trancher les légumes, on peut les couper sur le travers ou en juliennes. Pour obtenir des tranches plates et fines, il faut se servir d'un couteau-éplucheur. Un zesteur permet de faire des longues « ficelles » minces. On peut aussi passer les légumes sur une râpe pour faire une salade «légère» ou pour les ajouter à une sauce, afin qu'ils cuisent rapidement.*

# Salade de poulet au gingembre

*L'orange et le gingembre se complètent à merveille. Servir avec des petits pains.*

| | | |
|---|---|---|
| Moitiés de poitrines de poulet, dépouillées et désossées (environ 2), tranchées très fin | ½ lb | 225 g |
| Jus d'une orange moyenne | | |
| Zeste râpé fin d'une orange moyenne | | |
| Sauce soja à teneur en sel réduite | 1 c. à soupe | 15 mL |
| Gingembre frais, râpé | 2 c. à thé | 10 mL |
| Jus d'orange concentré surgelé | 2 c. à soupe | 30 mL |
| Gingembre moulu | 1 c. à thé | 5 mL |
| Poudre d'ail | ⅛ c. à thé | 0,5 mL |
| Soda au gingembre | ½ tasse | 125 mL |
| Fécule de maïs | 1 c. à thé | 5 mL |
| Farfalle (boucles moyennes) cuits, environ 250 mL (1 tasse) avant la cuisson | 2 tasses | 500 mL |
| Carotte moyenne, coupée en long en fines lanières | 1 | 1 |
| Oignon vert, tranché | 1 | 1 |
| Céleri, tranché fin sur la diagonale | ½ tasse | 125 mL |
| Chou rouge, finement déchiqueté | 1 tasse | 250 mL |
| Poivrons oranges ou jaunes, effilés | 2 | 2 |

Verser les 5 premiers ingrédients dans un petit bol. Remuer. Laisser reposer 15 minutes. Chauffer un poêle ou un wok à revêtement antiadhésif. Y mettre le mélange de poulet. Faire revenir pendant 10 minutes jusqu'à ce que le poulet soit complètement cuit et qu'il ne reste presque plus de liquide.

Combiner les 5 prochains ingrédients dans une petite tasse. Remuer. Ajouter le tout au mélange de poulet. Porter à ébullition en remuant. Laisser bouillir pendant 1 minute, le temps que la préparation épaississe légèrement. Retirer du feu. Laisser refroidir.

Combiner les 6 derniers ingrédients dans un grand bol. Ajouter le mélange de poulet. Bien remuer. Servir sur-le-champ ou réfrigérer jusqu'à ce que la salade soit bien fraîche. Donne 1,5 L (6 tasses).

*250 mL (1 tasse) : 158 calories; 1 g de matières grasses (0,2 g de gras saturés, 21,8 mg de cholestérol); 148 mg de sodium; 12 g de protéines; 27 g de glucides; 4 g de fibres alimentaires*

Photo à la page 90.

*conseil* *On peut faire une sauce liquide avec du jus d'orange ou de tomate additionné de vinaigre et de fines herbes au goût. Pour l'épaissir, il suffit de la chauffer et d'y délayer 5 mL (1 c. à thé) de fécule de maïs pour 250 mL (1 tasse) de liquide. Réfrigérer. Cette sauce remplace bien les vinaigrettes dans les salades.*

# Salade aux artichauts

*Pour gagner du temps, cuire les pâtes pendant la préparation des légumes.*

### VINAIGRETTE AUX TOMATES

| | | |
|---|---|---|
| Jus de tomate | 1 tasse | 250 mL |
| Vinaigre de vin blanc | 3 c. à soupe | 50 mL |
| Pesto au basilic, page 78 (ou commercial) | 1 c. à soupe | 15 mL |
| Pectine en grains | 1 c. à soupe | 15 mL |
| Sucre granulé | ½ c. à thé | 2 mL |

### SALADE

| | | |
|---|---|---|
| Rotini (spirales), 113 g (4 oz) | 1½ tasse | 375 mL |
| Tortellini au fromage (frais ou surgelés) | 4 oz | 113 g |
| Eau bouillante | 3 pte | 3 L |
| Sel | 1 c. à soupe | 15 mL |
| Cœurs d'artichauts, en conserve, égouttés et coupés en quatre | 14 oz | 398 mL |
| Olives mûres, dénoyautées, égouttées et hachées | 2 c. à soupe | 30 mL |
| Poivron rouge moyen, haché fin | ½ | ½ |
| Oignon rouge moyen, haché fin | ½ | ½ |
| Carotte moyenne, râpée | 1 | 1 |
| Produit de parmesan léger râpé | 1 c. à soupe | 15 mL |
| Feuilles de romaine, pour couvrir chaque assiette | | |
| Tomates moyennes, coupées en quartiers | 2 | 2 |
| Pignons grillés (facultatif) | 2 c. à soupe | 30 mL |

**Vinaigrette aux tomates:** Combiner les 5 ingrédients dans un bocal. Couvrir. Bien secouer. Laisser reposer à la température de la pièce pendant 20 minutes, le temps que la vinaigrette épaississe légèrement. Donne environ 300 mL (1¼ tasse) de vinaigrette.

**Salade :** Cuire les rotini et les tortellini dans l'eau bouillante additionnée du sel dans un faitout pendant 10 minutes, en remuant de temps en temps, jusqu'à ce qu'ils soient tendres, mais encore fermes. Les égoutter et les rincer à l'eau froide. Égoutter.

Combiner les 6 prochains ingrédients dans un grand bol. Ajouter la vinaigrette et les pâtes. Bien remuer.

Poser les feuilles de romaine sur des assiettes. Répartir la salade sur la laitue. Décorer avec des quartiers de tomates et des pignons. Donne 1,75 L (7 tasses).

*250 mL (1 tasse) : 150 calories; 3,3 g de matières grasses (0,4 g de gras saturés, 10,2 mg de cholestérol); 315 mg de sodium; 6 g de protéines; 25 g de glucides; 3 g de fibres alimentaires*

Photo à la page 107.

# Salade de melon et de prosciutto

*En italien, prosciutto (pro-SHOU-tô) signifie « jambon ».*
*Il s'agit d'un jambon assaisonnée, salé et séché à l'air.*

| | | |
|---|---|---|
| Tubetti (très petites bagues) | 1⅓ tasse | 325 mL |
| Eau bouillante | 6 tasses | 1,5 L |
| Sel | 1½ c. à thé | 7 mL |
| Prosciutto maigre, dépouillé du gras et haché fin | 3 oz | 85 g |
| Cantaloup moyen, pelé et coupé en dés (500 mL, 2 tasses) | ½ | ½ |
| Oignon rouge, haché fin | ¼ tasse | 60 mL |
| Persil frais, haché | ¼ tasse | 60 mL |
| Crème sure sans matières grasses | ½ tasse | 125 mL |
| Lait écrémé évaporé | ⅓ tasse | 75 mL |
| Miel liquide | 2 c. à soupe | 30 mL |
| Moutarde de Dijon | 1 c. à soupe | 15 mL |
| Zeste de citron, râpé fin | ¾ c. à thé | 4 mL |
| Sel | ⅛ c. à thé | 0,5 mL |

**Poivre frais moulu, une pincée**

Cuire les pâtes dans l'eau additionnée de la première quantité de sel dans une casserole moyenne environ 8 minutes, en remuant de temps en temps, jusqu'à ce qu'elles soient tendres, mais encore fermes. Les égoutter et les rincer à l'eau froide. Égoutter. Les verser dans un bol moyen.

Ajouter le prosciutto, le cantaloup, l'oignon rouge et le persil.

Combiner les 6 derniers ingrédients dans un petit bol. Fouetter jusqu'à ce que la préparation soit lisse. Verser le tout sur les pâtes. Bien mélanger.

Poivrer. Réfrigérer. Donne 1,25 L (5 tasses).

*250 mL (1 tasse) : 223 calories; 3,2 g de matières grasses (0,9 g de gras saturés, 17,7 mg de cholestérol); 631 mg de sodium; 13 g de protéines; 36 g de glucides; 1 g de fibres alimentaires*

Photo à la page 35.

**Variante :** On peut remplacer le prosciutto par du jambon maigre ou autre charcuterie maigre.

*conseil* *Les pâtes sèches contiennent rarement des œufs, mais les pâtes fraîches sont souvent faites avec des œufs et non de l'eau. Celles et ceux qui ont des allergies aux œufs voudront donc lire soigneusement les étiquettes et s'enquérir de la composition des pâtes dans les restaurants.*

# Sauce au cari et à la noix de coco

*Une jolie sauce jaune, où se nichent des brins d'oignon
et de basilic. Elle ne manque pas de goût!*

| | | |
|---|---|---|
| Cassonade, tassée | 1 c. à soupe | 15 mL |
| Fécule de maïs | 1½ c. à soupe | 25 mL |
| Noix de coco non sucrée, râpée moyen | ⅓ tasse | 75 mL |
| Lait écrémé évaporé | 13½ oz | 385 mL |
| Gousses d'ail, émincées | 2 | 2 |
| Gingembre frais, émincé | 1 c. à soupe | 15 mL |
| Oignon haché | ¼ tasse | 60 mL |
| Huile de sésame | ½ c. à thé | 2 mL |
| Huile végétale | ½ c. à thé | 2 mL |
| Piments verts hachés, en conserve, égouttés | 4 oz | 114 mL |
| Basilic frais, haché (ou 10 mL, | 2 c. à soupe | 30 mL |
|    2 c. à thé, déshydraté) | | |
| Jus et zeste râpé d'un petit citron | | |
| Coriandre moulue | 1 c. à thé | 5 mL |
| Curcuma | ½ c. à thé | 2 mL |
| Sel | ½ c. à thé | 2 mL |
| Essence de noix de coco | ½ c. à thé | 2 mL |
| Crevettes cuites (ou poulet) | 8 oz | 225 g |

Combiner la cassonade, la fécule de maïs et la noix de coco dans une petite casserole. Ajouter lentement le lait évaporé. Cuire en remuant souvent jusqu'à ce que la préparation bouille et épaississe légèrement. Laisser refroidir quelques instants.

Faire sauter l'ail, le gingembre et l'oignon dans les huiles, dans une petite poêle à revêtement antiadhésif, environ 2 minutes jusqu'à ce que l'oignon soit mou, mais sans qu'il brunisse.

Incorporer les piments, le basilic et le jus et zeste de citron en remuant. Cuire jusqu'à ce qu'il ne reste presque plus de liquide.

Incorporer la coriandre, le curcuma et le sel en remuant. Bien mélanger. Retirer du feu.

Verser le mélange de lait et le mélange d'oignon dans le mélangeur. Combiner le tout. Ajouter l'essence de noix de coco. Combiner jusqu'à ce que la sauce soit presque lisse. La verser dans une casserole moyenne. Ajouter les crevettes et remuer pour les réchauffer. Donne environ 750 mL (3 tasses).

*125 mL (½ tasse) : 163 calories; 4,9 g de matières grasses (3,3 g de gras saturés, 75,6 mg de cholestérol); 394 mg de sodium; 14 g de protéines; 17 g de glucides; 1 g de fibres alimentaires*

Photo à la page 89.

# Sauce au poulet hunan

*Cette sauce est assez épicée. La préparation prend 20 minutes.*

| | | |
|---|---|---|
| Gros oignon, grossièrement haché | 1 | 1 |
| Huile aux piments forts | 1 c. à thé | 5 mL |
| Gousses d'ail, émincées | 2 | 2 |
| Gingembre frais, émincé | 1 c. à soupe | 15 mL |
| Moitiés de poitrines de poulet, dépouillées et désossées (environ 2), coupées en cubes de 12 mm (½ po) | ½ lb | 225 g |
| Gros poivron rouge, coupé en dés | 1 | 1 |
| Bouillon de poulet condensé | 10 oz | 284 mL |
| Sauce chili | ¼ tasse | 60 mL |
| Sauce hoisin | 1 c. à soupe | 15 mL |
| Sauce soja à teneur en sel réduite | 1 c. à soupe | 15 mL |
| Sucre granulé | 2 c. à thé | 10 mL |
| Piments rouges du Chili broyés | ⅛ à ¼ c. à thé | 0,5 à 1 mL |
| Eau | 2 c. à soupe | 30 mL |
| Sherry (ou sherry sans alcool) | 2 c. à soupe | 30 mL |
| Vinaigre de riz | 2 c. à soupe | 30 mL |
| Fécule de maïs | 3 c. à soupe | 50 mL |

Faire sauter l'oignon dans l'huile dans un wok ou une grande poêle à revêtement antiadhésif jusqu'à ce qu'il soit mou. Ajouter l'ail et le gingembre. Faire sauter pendant 30 secondes.

Ajouter le poulet. Le faire revenir pendant 2 minutes. Incorporer le poivron rouge en remuant. Ajouter les 6 prochains ingrédients. Porter à ébullition. Laisser mijoter à découvert pendant 5 minutes.

Combiner les 4 derniers ingrédients dans un petit bol. Incorporer le tout au mélange de poulet. Chauffer jusqu'à ce que la préparation bouille et épaississe. Donne 1 L (4 tasses).

*125 mL (½ tasse) : 94 calories; 1,4 g de matières grasses (0,3 g de gras saturés, 16,7 mg de cholestérol); 546 mg de sodium; 9 g de protéines; 11 g de glucides; 1 g de fibres alimentaires*

Photo à la page 89.

1. Salade aux artichauts, page 103
2. Salade de dinde aux fruits, page 100
3. Salade de pâtes et de haricots, page 96
4. Salade de tortellini et de tzatziki, page 94

Accessoires fournis par : Stokes

Sauces

# Sauce aux tomates et aux poivrons rôtis

*Cette sauce convient avec n'importe quelles pâtes. On peut aussi la*
*servir comme alternative avec une sauce à base de crème.*

| | | |
|---|---|---|
| Gros poivrons rouges | 4 | 4 |
| Gousses d'ail, émincées | 3 | 3 |
| Oignon, finement émincé | 2 c. à soupe | 30 mL |
| Huile d'olive | 1 c. à soupe | 15 mL |
| Tomates broyées, en conserve | 14 oz | 398 mL |
| Basilic frais, haché (ou 5 mL, 1 c. à thé, déshydraté) | 1 c. à soupe | 15 mL |
| Sel | ½ c. à thé | 2 mL |
| Poivre frais moulu, une pincée | | |

Poser le poivron rouge sur une lèchefrite. Le faire griller au four, en le retournant souvent, pendant 15 à 20 minutes, jusqu'à ce que la peau noircisse. Le mettre dans un petit bol. Couvrir avec une pellicule plastique et laisser refroidir 15 à 20 minutes, jusqu'à pouvoir tenir le poivron dans la main. Peler le poivron et jeter les graines et les fibres. Réserver le liquide. Passer le liquide à l'étamine.

Faire sauter l'ail et l'oignon dans l'huile dans une grande casserole jusqu'à ce que l'ail soit doré et que l'oignon soit mou.

Passer le poivron rouge au mélangeur avec le liquide réservé et les tomates en 2 fois, jusqu'à ce que la préparation soit lisse. Verser le tout dans la casserole.

Incorporer le basilic, le sel et le poivre en remuant. Couvrir. Laisser mijoter environ 10 minutes. Donne 900 mL (3⅔ tasses).

*125 mL (½ tasse) : 42 calories; 2,1 g de matières grasses (0,3 g de gras saturés, 0 mg de cholestérol); 276 mg de sodium; 1 g de protéines; 6 g de glucides; 1 g de fibres alimentaires*

Photo à la page 144.

1. Sauce au vin et aux palourdes, page 116
2. Pâte au blé entier, page 85
3. Pâte aux oignons verts, page 83
4. Pâte aux piments, page 82
5. Sauce à la menthe et aux pois, page 116
6. Sauce crémeuse aux épinards, page 112

Accessoires fournis par : Eaton
Stokes

# Sauce tomate épicée simple

*Un nom qui dit tout—simple et épicée. La préparation ne prend que 10 minutes.*

| | | |
|---|---|---|
| Huile d'olive | 1 c. à thé | 5 mL |
| Oignons, coupés en petits dés | 1 tasse | 250 mL |
| Gousses d'ail, émincées | 2 | 2 |
| Poudre de chili | ½ c. à thé | 2 mL |
| Piments rouges du Chili broyés | ⅛ à ¼ c. à thé | 0,5 à 1 mL |
| Tomates italiennes en conserve, non égouttées, passées au mélangeur | 28 oz | 796 mL |
| Sucre granulé | ⅛ c. à thé | 0,5 mL |

Chauffer l'huile dans une grande poêle à revêtement antiadhésif. Faire sauter l'oignon pendant 5 minutes. Ajouter l'ail, la poudre de chili, les piments et 15 mL (1 c. à soupe) de tomates passées au mélangeur. Faire sauter pendant 5 minutes, jusqu'à ce que l'oignon soit mou.

Ajouter le reste des tomates et le sucre. Laisser mijoter, sous couvert partiel, pendant 10 minutes jusqu'à ce que la sauce ait légèrement épaissi. Donne 750 mL (3 tasses).

*125 mL (½ tasse) : 47 calories; 1,2 g de matières grasses (0,2 g de gras saturés, 0 mg de cholestérol); 223 mg de sodium; 2 g de protéines; 9 g de glucides; 2 g de fibres alimentaires*

Photo à la page 143.

# Sauce aux champignons et à l'aneth

*On peut mettre des champignons portobello ou shiitake dans la sauce pour la parfumer davantage.*

| | | |
|---|---|---|
| Margarine de régime | 1 c. à soupe | 15 mL |
| Oignon, haché fin | ¼ tasse | 60 mL |
| Champignons frais, hachés | 2 tasses | 500 mL |
| Eau | 1 tasse | 250 mL |
| Bouillon de bœuf en poudre | 2 c. à thé | 10 mL |
| Poivre | ⅛ c. à thé | 0,5 mL |
| Lait écrémé évaporé | 13½ oz | 385 mL |
| Farine tout usage | 1 c. à soupe | 15 mL |
| Fromage à la crème tartinable sans matières grasses | 8 oz | 225 g |
| Aneth frais, haché fin (ou 5 mL, 1 c. à thé, déshydraté) | 1 c. à soupe | 15 mL |

Faire fondre la margarine dans une grande poêle à revêtement antiadhésif. Faire sauter l'oignon pendant 5 minutes jusqu'à ce qu'il soit mou. Ajouter les champignons. Faire sauter pendant 5 minutes, jusqu'à ce qu'il ne reste plus de liquide. Incorporer l'eau, le bouillon en poudre et le poivre en remuant.

Combiner le lait évaporé et la farine dans un petit bol. Mélanger. Ajouter le tout au mélange de champignons. Chauffer, en remuant sans arrêt, jusqu'à ce que la préparation bouille et épaississe légèrement. Retirer du feu.

Ajouter le fromage à la crème. Remuer jusqu'à ce qu'il soit fondu. Incorporer l'aneth en remuant. Donne 560 mL (2¼ tasses).

*125 mL (½ tasse) : 151 calories; 1,9 g de matières grasses (0,5 g de gras saturés, 3,5 mg de cholestérol); 403 mg de sodium; 12 g de protéines; 22 g de glucides; 1 g de fibres alimentaires*

# Sauce au poulet et au poivre

*Cette sauce est fameuse avec des fettuccine aux épinards.*

| | | |
|---|---|---|
| Moitiés de poitrines de poulet, dépouillées et désossées (environ 4), tranchées très fin | 1 lb | 454 g |
| Paprika | 1 c. à thé | 5 mL |
| Poivre grossièrement moulu | 1 c. à thé | 5 mL |
| Margarine | 1 c. à thé | 5 mL |
| Eau chaude | 1 tasse | 250 mL |
| Bouillon de poulet en poudre | 2 c. à thé | 10 mL |
| Farine tout usage | 1 c. à soupe | 15 mL |
| Lait écrémé évaporé | ½ tasse | 125 mL |
| Fromage à la crème tartinable sans gras, aux fines herbes et à l'ail | ½ tasse | 125 mL |
| Sucre granulé | 1 c. à thé | 5 mL |
| Sel | ¼ c. à thé | 1 mL |
| Basilic frais, finement émincé (ou 10 mL, 2 c. à thé, déshydraté) | 2 c. à soupe | 30 mL |
| Persil frais, haché (ou 10 mL, 2 c. à thé, déshydraté | 2 c. à soupe | 30 mL |
| Yogourt nature sans matières grasses | ½ tasse | 125 mL |

Combiner le poulet, le paprika et le poivre dans un petit bol. Couvrir. Réfrigérer au moins 20 minutes.

Faire fondre la margarine dans une poêle moyenne à revêtement antiadhésif jusqu'à ce qu'elle grésille. Y ajouter le poulet. Faire sauter pendant 4 à 5 minutes, jusqu'à ce que le poulet soit doré et complètement cuit. Ajouter l'eau chaude et le bouillon en poudre. Remuer. Porter à ébullition.

Combiner la farine et le lait évaporé dans une petite tasse. Mélanger jusqu'à ce que la préparation soit lisse. Ajouter au mélange de poulet. Remuer jusqu'à ce que la préparation épaississe légèrement.

Ajouter le fromage à la crème, le sucre et le sel. Remuer jusqu'à ce que le fromage soit fondu. Retirer du feu. Incorporer le basilic, le persil et le yogourt en remuant. Donne 925 mL (3¾ tasses).

*125 mL (½ tasse) : 120 calories; 1,5 g de matières grasses (0,4 g de gras saturés, 36,2 mg de cholestérol); 344 mg de sodium; 18 g de protéines; 8 g de glucides; trace de fibres alimentaires*

Photo sur la couverture.

*conseil*   *Pour servir les sauces, mettre les pâtes cuites dans un grand bol à pâtes large et verser la sauce au centre. On peut aussi combiner les pâtes et la sauce et les dresser dans le bol. Servir les pâtes avec des pinces ou une fourchette à pâtes, dans des bols individuels.*

# Sauce crémeuse aux épinards

*Le vin, les épinards et le fromage se combinent à merveille.*
*La préparation ne prend que 20 minutes.*

| | | |
|---|---|---|
| Gousse d'ail, émincée | 1 | 1 |
| Margarine de régime | 1 c. à soupe | 15 mL |
| Vin blanc (ou vin sans alcool) | ½ tasse | 125 mL |
| Épinards frais, hachés, bien tassés (ou 300 g, 10 oz, d'épinards hachés surgelés, dégelés et essorés) | 3 tasses | 750 mL |
| Fromage à la crème tartinable léger | ½ tasse | 125 mL |
| Lait écrémé évaporé | 1 tasse | 250 mL |
| Fécule de maïs | 2 c. à thé | 10 mL |
| Sel | ½ c. à thé | 2 mL |
| Poivre frais moulu, une pincée | | |
| Muscade moulue, une pincée | | |

Faire sauter l'ail dans la margarine dans une grande poêle à revêtement antiadhésif pendant 1 minute, jusqu'à ce qu'il soit mou. Ajouter le vin. Porter à ébullition en remuant. Incorporer les épinards en remuant. Couvrir. Cuire pendant 2 à 3 minutes. Ajouter le fromage à la crème. Remuer jusqu'à ce qu'il soit fondu.

Combiner le lait évaporé et la fécule de maïs dans un petit bol. Mélanger. Ajouter le tout au mélange d'épinards. Ajouter le sel, le poivre et la muscade. Cuire jusqu'à ce que la préparation bouille et épaississe légèrement. Donne 625 mL (2½ tasses).

*125 mL (½ tasse) : 134 calories; 5,5 g de matières grasses (2,6 g de gras saturés, 14,5 mg de cholestérol); 629 mg de sodium; 8 g de protéines; 10 g de glucides; 1 g de fibres alimentaires*

Photo à la page 108.

# Sauce potagère à l'ail et aux crevettes

*Une sauce délicate, au vin et aux fruits de mer.*

| | | |
|---|---|---|
| Vin blanc (ou vin sans alcool) | ½ tasse | 125 mL |
| Crevettes fraîches (ou surgelées, dégelées), non cuites, écalées et nettoyées | 1 lb | 454 g |
| Gousses d'ail, émincées | 3 | 3 |
| Champignons frais, tranchés | 2 tasses | 500 mL |
| Eau chaude | ½ tasse | 125 mL |
| Bouillon de fruits de mer (ou de légumes) | 1 c. à thé | 5 mL |
| Petits bouquets de brocoli | 2 tasses | 500 mL |
| Sel | 1 c. à thé | 5 mL |
| Poivre | ⅛ c. à thé | 0,5 mL |
| Lait écrémé évaporé | 1 tasse | 250 mL |
| Fécule de maïs | 2 c. à soupe | 30 mL |
| Oignon vert, tranché | 1 | 1 |

*(suite...)*

Chauffer le vin dans une grande poêle à revêtement antiadhésif. Y ajouter les crevettes et l'ail. Faire sauter environ 2 minutes, jusqu'à ce que les crevettes soient roses. Ne pas les cuire trop longtemps. Retirer les crevettes avec une écumoire et les réserver dans un bol moyen.

Ajouter les champignons au vin dans la poêle. Faire sauter pendant 3 minutes. Ajouter l'eau chaude et le bouillon en poudre. Porter à ébullition. Ajouter le brocoli, le sel et le poivre. Couvrir. Cuire pendant 1 à 2 minutes.

Combiner le lait évaporé avec la fécule de maïs dans un petit bol. Verser le tout dans la poêle. Cuire pendant 2 à 3 minutes, jusqu'à ce que le brocoli soit tendre, mais encore croquant, et que la préparation bouillonne et épaississe. Y ajouter les crevettes et l'oignon vert. Donne 2 L (8 tasses).

*125 mL (½ tasse) : 59 calories; 0,6 g de matières grasses (0,1 g de gras saturés, 43,8 mg de cholestérol); 272 mg de sodium; 8 g de protéines; 4 g de glucides; trace de fibres alimentaires*

Photo à la page 53.

# Salsa froide aux champignons

*Une sauce épaisse, au bon goût frais. Elle se conserve deux jours au réfrigérateur.*
*Servir à la température de la pièce ou combiner avec des pâtes chaudes.*

| | | |
|---|---|---|
| Huile d'olive | 1 c. à soupe | 15 mL |
| Gousse d'ail, émincée | 1 | 1 |
| Jus de citron frais | 2 c. à soupe | 30 mL |
| Zeste de citron, râpé fin | 1 c. à thé | 5 mL |
| Vinaigrette italienne sans matières grasses | ⅓ tasse | 75 mL |
| Persil frais, haché (ou 10 mL, 2 c. à thé, déshydraté) | 2 c. à soupe | 30 mL |
| Origan frais, haché (ou 2 mL, ½ c. à thé, déshydraté) | 2 c. à thé | 10 mL |
| Sel | ½ c. à thé | 2 mL |
| Poivre frais moulu, une pincée | | |
| Poivron rouge, haché fin | ¼ tasse | 60 mL |
| Oignon rouge, haché fin | ¼ tasse | 60 mL |
| Champignons frais, grossièrement hachés | 2 tasses | 500 mL |

Combiner les 9 premiers ingrédients dans un bol moyen.

Incorporer le poivron rouge, l'oignon rouge et les champignons en remuant. Couvrir. Laisser mariner au réfrigérateur au moins 1 heure. Donne 425 mL (1¾ tasses).

*60 mL (¼ tasse) : 33 calories; 2,1 g de matières grasses (0,3 g de gras saturés, 0 mg de cholestérol); 330 mg de sodium; 1 g de protéines; 3 g de glucides; 1 g de fibres alimentaires*

Photo à la page 90.

# Sauce bolonaise

*Une sauce consistante, à base de bœuf et de légumes.*

| | | |
|---|---|---|
| Bœuf haché maigre | 1 lb | 454 g |
| Oignon haché | 2 tasses | 500 mL |
| Gousses d'ail, broyées | 2 | 2 |
| Champignons frais, tranchés | 2 tasses | 500 mL |
| Sel | 1 c. à thé | 5 mL |
| Poivre | ¼ c. à thé | 1 mL |
| Basilic frais, haché (ou 15 mL, 1 c. à soupe, déshydraté) | ¼ tasse | 60 mL |
| Origan frais, haché (ou 10 mL, 2 c. à thé, déshydraté) | 2 c. à soupe | 30 mL |
| Tomates italiennes en conserve, non égouttées, broyées ou passées au mélangeur | 28 oz | 796 mL |
| Pâte de tomates | 5½ oz | 156 mL |
| Sucre granulé | ½ c. à thé | 2 mL |
| Eau | 3 tasses | 750 mL |

Faire revenir le bœuf haché, l'oignon et l'ail dans une poêle à revêtement antiadhésif jusqu'à ce que le bœuf soit doré et que l'oignon soit mou. Égoutter.

Ajouter les champignons, le sel et le poivre. Faire sauter pendant 5 minutes. Verser le tout dans une grande casserole.

Ajouter les 6 derniers ingrédients. Porter à ébullition. Laisser mijoter à découvert pendant 1½ heure, en remuant de temps en temps, jusqu'à ce que la sauce ait épaissi. Donne 1,5 L (6 tasses).

*125 mL (½ tasse) : 100 calories; 3,6 g de matières grasses (1,3 g de gras saturés, 19,5 mg de cholestérol); 361 mg de sodium; 9 g de protéines; 9 g de glucides; 2 g de fibres alimentaires*

Photo à la page 144.

# Sauce froide à l'ail

*Une sauce onctueuse, au goût d'ail très prononcé. Les variantes aux fines herbes sont à essayer.*

| | | |
|---|---|---|
| Crème sure sans matières grasses | ⅔ tasse | 150 mL |
| Sauce à salade sans matières grasses (ou mayonnaise) | ⅓ tasse | 75 mL |
| Lait écrémé | 3 c. à soupe | 50 mL |
| Vin blanc (ou vin sans alcool) | 3 c. à soupe | 50 mL |
| Jus de citron | 1 c. à soupe | 15 mL |
| Sucre granulé | 2 c. à thé | 10 mL |
| Sel | 1 c. à thé | 5 mL |
| Gousses d'ail, émincées | 5 | 5 |

*(suite...)*

Sauces

Fouetter les 8 ingrédients ensemble dans un petit bol jusqu'à ce que la préparation soit lisse. Réfrigérer au moins 1 heure pour que les goûts se mêlent. Prévoir environ 30 mL (2 c. à soupe) de sauce par portion de pâtes chaudes. Donne 375 mL (1½ tasse).

*30 mL (2 c. à soupe) : 20 calories; trace de matières grasses (trace de gras saturés, 0,1 mg de cholestérol); 279 mg de sodium; 1 g de protéines; 3 g de glucides; trace de fibres alimentaires*

Photo à la page 143.

**Variantes :**

1. Ajouter 25 mL (1½ c. à soupe) de basilic frais, haché, ou 5 mL (1 c. à thé) de basilic déshydraté à la sauce.

2. Ajouter 25 mL (1½ c. à soupe) d'origan frais, haché, ou 5 mL (1 c. à thé) d'origan déshydraté à la sauce.

3. Ajouter 25 mL (1½ c. à soupe) d'aneth frais, haché, ou 5 mL (1 c. à thé) d'aneth déshydraté à la sauce.

# Sauce aux champignons et aux courgettes

*Cette sauce épaisse est parfaite avec des longues pâtes, des spirales ou des pâtes moyennes. La préparation ne prend que 15 minutes.*

| | | |
|---|---|---|
| Champignons frais, coupés en quatre | 4 tasses | 1 L |
| Gousses d'ail, émincées | 3 | 3 |
| Huile d'olive | 1 c. à thé | 5 mL |
| Courgettes, non pelées, coupées en dés (morceaux de 2 cm, ¾ po) | 3 tasses | 750 mL |
| Huile d'olive | 1 c. à thé | 5 mL |
| Tomates étuvées en conserve, passées au mélangeur | 14 oz | 398 mL |
| Basilic déshydraté, broyé | 1 c. à thé | 5 mL |
| Origan entier, déshydraté, broyé | ½ c. à thé | 2 mL |
| Sel | ½ c. à thé | 2 mL |
| Poivre frais moulu, une pincée | | |
| Lait écrémé évaporé | ½ tasse | 125 mL |

Faire sauter les champignons et l'ail dans la première quantité d'huile dans une grande poêle à revêtement antiadhésif environ 10 minutes, jusqu'à ce que le liquide soit évaporé et que les champignons soient dorés. Réserver le tout dans un petit bol.

Dans la même poêle, faire sauter les courgettes dans la seconde quantité d'huile environ 5 minutes, jusqu'à ce qu'elles soient ramollies. Remettre les champignons dans la poêle.

Incorporer les tomates, le basilic, l'origan, le sel et le poivre en remuant. Laisser bouillir pendant 2 à 3 minutes.

Retirer du feu. Ajouter le lait évaporé. Remuer. Donne 1,25 L (5 tasses).

*150 mL (⅔ tasse) : 60 calories; 1,6 g de matières grasses (0,2 g de gras saturés, 0,6 mg de cholestérol); 350 mg de sodium; 3 g de protéines; 10 g de glucides; 2 g de fibres alimentaires*

Photo à la page 144.

# Sauce au vin et aux palourdes

*Cette sauce n'est pas des plus épaisses, mais les pâtes
s'y nichent parfaitement. Garnir de persil frais.*

| | | |
|---|---|---|
| Petites palourdes en conserve, égouttées, liquide réservé | 2 × 5 oz | 2 × 142 g |
| Vin blanc | ¼ tasse | 60 mL |
| Oignons verts, tranchés | 2 | 2 |
| Basilic déshydraté | 1 c. à thé | 5 mL |
| Origan entier, déshydraté, broyé | ¼ c. à thé | 1 mL |
| Romarin, déshydraté, broyé | ¼ c. à thé | 1 mL |
| Champignons frais, tranchés | 1 tasse | 250 mL |
| Lait écrémé évaporé | 1 tasse | 250 mL |
| Fécule de maïs | 4 c. à thé | 20 mL |
| Fromage à la crème tartinable sans matières grasses | 2 c. à soupe | 30 mL |

Combiner le liquide des palourdes, le vin, l'oignon vert, le basilic, l'origan, le romarin et les champignons dans une casserole moyenne. Couvrir. Laisser mijoter pendant 15 minutes, jusqu'à ce que les champignons soient mous.

Combiner le lait évaporé et la fécule de maïs dans un petit bol. Ajouter le tout au mélange de champignons. Remuer jusqu'à ce que la préparation bouille et épaississe. Incorporer les palourdes en remuant. Laisser mijoter jusqu'à ce que la préparation soit chaude. Retirer du feu.

Ajouter le fromage à la crème. Remuer jusqu'à ce qu'il soit fondu. Donne 750 mL (3 tasses).

*125 mL (½ tasse) : 101 calories; 0,7 g de matières grasses (0,1 g de gras saturés, 22 mg de cholestérol); 194 mg de sodium; 11 g de protéines; 10 g de glucides; trace de fibres alimentaires*

Photo à la page 108.

# Sauce à la menthe et aux pois

*À servir sur des nouilles au citron et au poivre cuites, page 84, ou d'autres pâtes.*

| | | |
|---|---|---|
| Bouillon de poulet condensé | 10 oz | 284 mL |
| Eau | ½ tasse | 125 mL |
| Petits pois frais (ou surgelés, dégelés) | 1½ tasse | 375 mL |
| Oignons verts, coupés en sections diagonales de 12 mm (½ po) | 3 | 3 |
| Vin blanc (ou vin sans alcool) | ¼ tasse | 60 mL |
| Fécule de maïs | 4 c. à thé | 20 mL |
| Feuilles de menthe fraîche, hachées (ou 7 mL, 1½ c. à thé, déshydraté) | ¼ tasse | 60 mL |

*(suite...)*

Combiner le bouillon de poulet et l'eau dans une casserole moyenne. Porter à ébullition. Ajouter les pois et l'oignon vert. Laisser mijoter à découvert pendant 2 à 3 minutes.

Combiner le vin et la fécule de maïs dans une petite tasse. Mélanger. Ajouter le tout au mélange de pois. Remuer jusqu'à ce que la préparation bouille et épaississe légèrement. Retirer du feu. Incorporer la menthe en remuant. Donne 560 mL (2¼ tasses).

*125 mL (½ tasse) : 80 calories; 0,9 g de matières grasses (0,2 g de gras saturés, 0,7 mg de cholestérol); 479 mg de sodium; 6 g de protéines; 10 g de glucides; 3 g de fibres alimentaires*

Photo à la page 108.

# Sauce aux tomates et aux boulettes

*La sauce parfaite à l'heure du spaghetti aux boulettes!*

| | | |
|---|---|---|
| Tomates étuvées en conserve, non égouttées, hachées | 28 oz | 796 mL |
| Sauce tomate | 14 oz | 398 mL |
| Oignon, haché fin | 2 c. à soupe | 30 mL |
| Gousses d'ail, émincées | 2 | 2 |
| Clous de girofle | 10 | 10 |
| Feuille de laurier | 1 | 1 |
| Basilic déshydraté | 1 c. à thé | 5 mL |
| Sel | ½ c. à thé | 2 mL |
| Poivre frais moulu, une pincée | | |
| Bœuf haché maigre | 1 lb | 454 g |
| Tranches de pain, réduites en chapelure au mélangeur | 2 | 2 |
| Produit d'œufs surgelé, dégelé | 3 c. à soupe | 50 mL |
| Lait écrémé | ⅓ tasse | 75 mL |
| Produit de parmesan léger râpé | 2 c. à soupe | 30 mL |
| Poudre d'ail | ½ c. à thé | 2 mL |
| Origan entier, déshydraté, broyé | ½ c. à thé | 2 mL |
| Sel, une pincée | | |
| Poivre frais moulu, une pincée | | |

Combiner les 9 premiers ingrédients dans une grande casserole. Porter à ébullition. Réduire le feu. Laisser mijoter, sous couvert partiel, pendant 45 minutes.

Combiner les 9 derniers ingrédients dans un bol moyen. Bien mélanger. Façonner des boulettes de 2,5 cm (1 po). Les poser sur une lèchefrite légèrement graissée. Cuire au four à 400 °F (205 °C) environ 15 minutes. Égoutter. Sécher les boulettes avec un essuie-tout, puis les ajouter à la sauce. Laisser mijoter, sous couvert partiel, pendant 30 minutes. Jeter la feuille de laurier et le clou de girofle. Donne 1,5 L (6 tasses) de sauce aux boulettes.

*175 mL (¾ tasse) : 163 calories; 5,5 g de matières grasses (2,1 g de gras saturés, 30,3 mg de cholestérol); 896 mg de sodium; 14 g de protéines; 16 g de glucides; 2 g de fibres alimentaires*

# Soupe de tomates aux fines herbes

*Un potage bien rouge, qui contient des gros morceaux savoureux
de tomates. La préparation ne prend que 10 minutes.*

| | | |
|---|---|---|
| Oignon, haché fin | ½ tasse | 125 mL |
| Gousses d'ail, émincées | 2 | 2 |
| Huile d'olive | 1 c. à thé | 5 mL |
| Graine de fenouil | ½ c. à thé | 2 mL |
| Tomates italiennes moyennes, coupées en dés | 3 | 3 |
| Tomates italiennes, en conserve, non égouttées, passées au mélangeur | 28 oz | 796 mL |
| Bouillon de poulet condensé | 10 oz | 284 mL |
| Eau | 1½ tasse | 375 mL |
| Basilic frais, émincé (ou 1 c. à thé, 5 mL, déshydraté) | 1 c. à soupe | 15 mL |
| Marjolaine fraîche, émincée (ou 2 mL, ½ c. à thé, déshydratée) | 1½ c. à thé | 7 mL |
| Origan frais, émincé (ou 1 mL, ¼ c. à thé, déshydraté) | 1 c. à thé | 5 mL |
| Sucre granulé | ½ c. à thé | 2 mL |
| Orzo non cuit (très petites pâtes) | ⅔ tasse | 150 mL |
| Produit de parmesan léger râpé, pincée (facultatif) | | |
| Poivre frais moulu, une pincée (facultatif) | | |

Faire sauter l'oignon et l'ail dans l'huile dans une poêle à revêtement antiadhésif jusqu'à ce que l'oignon soit mou. Ajouter les graines de fenouil. Faire sauter pendant 1 minute.

Ajouter les 8 prochains ingrédients. Couvrir. Laisser mijoter pendant 30 à 40 minutes.

Ajouter les pâtes. Laisser mijoter à découvert pendant 10 à 12 minutes, en remuant de temps en temps, jusqu'à ce que les pâtes soient tendres, mais encore fermes.

Garnir de parmesan et poivrer. Donne 1,75 L (7 tasses).

*250 mL (1 tasse) : 150 calories; 2 g de matières grasses (0,4 g de gras saturés, 0,4 mg de cholestérol); 465 mg de sodium; 7 g de protéines; 27 g de glucides; 3 g de fibres alimentaires*

Photo à la page 90.

*conseil* *On peut augmenter n'importe quelle soupe à base de crème ou de bouillon en y ajoutant une poignée de très petites pâtes et en laissant la soupe mijoter jusqu'à ce qu'elles soient tendres.*

# Soupe aux haricots italiens

*Cette consistante soupe d'origine italienne constitue un repas*
*à elle seule. La préparation ne prend que 20 minutes.*

| | | |
|---|---|---|
| Huile d'olive | 1 c. à thé | 5 mL |
| Bœuf haché très maigre | ½ lb | 225 g |
| Oignon haché | 1 tasse | 250 mL |
| Cœur de céleri blanc, haché (utiliser les tiges intérieures feuillues) | 1 tasse | 250 mL |
| Carotte moyenne, râpée | 1 | 1 |
| Grosse gousse d'ail, émincée | 1 | 1 |
| Tomates italiennes en conserve, passées au mélangeur | 28 oz | 796 mL |
| Haricots blancs, en conserve, non égouttés | 19 oz | 540 mL |
| Haricots en sauce tomate, en conserve, non égouttés | 14 oz | 398 mL |
| Concentré de bouillon de bœuf liquide | 2 c. à thé | 10 mL |
| Pâte de tomates | 2 c. à soupe | 30 mL |
| Basilic déshydraté | 2 c. à thé | 10 mL |
| Origan en feuilles, déshydraté | ¼ c. à thé | 1 mL |
| Thym | ¼ c. à thé | 1 mL |
| Piments rouges du Chili broyés | ¼ c. à thé | 1 mL |
| Sel | ½ c. à thé | 2 mL |
| Poivre | ⅛ c. à thé | 0,5 mL |
| Sucre granulé | ½ c. à thé | 2 mL |
| Eau | 3 tasses | 750 mL |
| Tubetti (très petites bagues) non cuits | 1 tasse | 250 mL |
| Poivre frais moulu, une pincée | | |

Chauffer l'huile dans un grand faitout. Faire revenir les 5 prochains ingrédients jusqu'à ce que le bœuf soit doré et que les légumes soient tendres, mais encore croquants. Égoutter.

Ajouter les 12 prochains ingrédients. Bien remuer.

Ajouter l'eau. Couvrir. Porter à ébullition. Réduire la chaleur et laisser mijoter pendant 1 heure.

Incorporer les pâtes en remuant. Laisser mijoter pendant 10 à 15 minutes, jusqu'à ce que les pâtes soient cuites.

Quand la soupe est servie dans les bols, y ajouter du poivre frais moulu. Donne 3 L (12 tasses).

*250 mL (1 tasse) : 180 calories; 3,8 g de matières grasses (1,3 g de gras saturés, 12,9 mg de cholestérol); 660 mg de sodium; 11 g de protéines; 27 g de glucides; 7 g de fibres alimentaires*

Photo sur la couverture.

# Soupe aux lentilles et aux pâtes

*Une soupe robuste, qui ne manque pas de texture.*
*La préparation prend environ 20 minutes.*

| | | |
|---|---|---|
| Gousses d'ail, émincées | 2 | 2 |
| Oignon, haché fin | 1 tasse | 250 mL |
| Céleri, haché | 1 tasse | 250 mL |
| Huile d'olive | 2 c. à thé | 10 mL |
| Eau | 7 tasses | 1,75 L |
| Bouillon de bœuf (ou de poulet) en poudre | 2 c. à soupe | 30 mL |
| Tomates en conserve, non égouttées, passées au mélangeur | 14 oz | 398 mL |
| Carotte, tranchée fin | 1½ tasse | 375 mL |
| Lentilles vertes | ¾ tasse | 175 mL |
| Persil en flocons | 2 c. à thé | 10 mL |
| Basilic déshydraté | 1 c. à thé | 5 mL |
| Sel | 1 c. à thé | 5 mL |
| Origan broyé, une pincée | | |
| Poivre, une pincée | | |
| Tubetti (très petites bagues) | 1 tasse | 250 mL |

Faire sauter l'ail, l'oignon et le céleri dans l'huile dans un faitout jusqu'à ce que l'oignon soit mou.

Ajouter les 10 prochains ingrédients. Porter à ébullition. Laisser mijoter, sous couvert partiel, pendant 30 minutes.

Incorporer les pâtes en remuant. Laisser mijoter pendant 15 minutes. Donne 2 L (8 tasses).

*250 mL (1 tasse) : 158 calories; 2 g de matières grasses (0,4 g de gras saturés, 0,3 mg de cholestérol); 893 mg de sodium; 8 g de protéines; 28 g de glucides; 4 g de fibres alimentaires*

Photo à la page 89.

# Soupe au pesto et au citron

*Une soupe très rafraîchissante. La préparation ne prend que 10 minutes.*

| | | |
|---|---|---|
| Bouillon de poulet condensé | 3 × 10 oz | 3 × 284 mL |
| Eau | 3 tasses | 750 mL |
| Pesto au basilic, page 78 (ou commercial) | 1 c. à soupe | 15 mL |
| Tubetti (très petites bagues) non cuits | ¾ tasse | 175 mL |
| Jus de citron frais | 2 c. à soupe | 30 mL |
| Gros œufs | 2 | 2 |
| Persil frais, haché | ¼ tasse | 60 mL |
| Sel, une petite pincée | | |
| Poivre, une pincée | | |

*(suite...)*

Soupes

Combiner le bouillon de poulet, l'eau et le pesto dans une grande casserole. Porter à ébullition.

Ajouter les pâtes. Bien remuer. Laisser mijoter à découvert pendant 3 minutes.

Battre le jus de citron avec les œufs dans un petit bol. Prélever un peu de bouillon chaud avec une louche et l'incorporer en remuant au mélange d'œuf. Ajouter lentement le mélange d'œuf à la soupe, en remuant sans arrêt. Retirer du feu. Couvrir. Laisser reposer 5 minutes.

Incorporer le persil, le sel et le poivre en remuant. Donne 1,75 L (7 tasses).

*250 mL (1 tasse)* : *135 calories; 4,2 g de matières grasses (1,1 g de gras saturés, 63,1 mg de cholestérol); 837 mg de sodium; 10 g de protéines; 14 g de glucides; 1 g de fibres alimentaires*

**Variante** : Remplacer le persil par de la menthe fraîche hachée.

# Chaudrée aux courgettes

*Une soupe épaisse et crémeuse, au léger parfum d'aneth. La préparation des légumes ne prend que 20 minutes.*

| | | |
|---|---|---|
| Petite gousse d'ail, émincée | 1 | 1 |
| Oignon haché | 1 tasse | 250 mL |
| Céleri, haché | ½ tasse | 125 mL |
| Poivron vert, haché | ½ tasse | 125 mL |
| Margarine | 1 c. à thé | 5 mL |
| Courgettes, non pelées, râpées | 2 tasses | 500 mL |
| Pommes de terre, coupées en dés | 2 tasses | 500 mL |
| Eau | 6 tasses | 1,5 L |
| Bouillon de légumes (ou de poulet) en poudre | 2 c. à soupe | 30 mL |
| Tubetti (très petites bagues) non cuits | 1 tasse | 250 mL |
| Aneth | 1 c. à thé | 5 mL |
| Sel | ½ c. à thé | 2 mL |
| Poivre | ⅛ à ¼ c. à thé | 0,5 à 1 mL |
| Farine tout usage | 3 c. à soupe | 50 mL |
| Lait écrémé évaporé | 1 tasse | 250 mL |

Faire sauter l'ail, l'oignon, le céleri et le poivron vert dans la margarine dans un faitout environ 3 minutes, jusqu'à ce que les légumes soient mous.

Ajouter les 4 prochains ingrédients. Laisser mijoter, sous couvert partiel, pendant 20 minutes.

Incorporer les pâtes, l'aneth, le sel et le poivre en remuant. Laisser mijoter pendant 10 à 15 minutes, en remuant de temps en temps, jusqu'à ce que les pâtes soient tendres, mais encore fermes.

Combiner la farine et le lait évaporé au fouet dans un petit bol jusqu'à ce que la préparation soit lisse. Ajouter le tout à la soupe et porter à ébullition en remuant sans arrêt. Donne 2,25 L (9 tasses).

*250 mL (1 tasse)* : *126 calories; 1 g de matières grasses (0,3 g de gras saturés, 1,3 mg de cholestérol); 598 mg de sodium; 6 g de protéines; 24 g de glucides; 2 g de fibres alimentaires*

Photo à la page 125.

# Crème de brocoli

*Le cayenne donne un peu de piquant à cette soupe.*
*La préparation ne prend que 20 minutes.*

| | | |
|---|---|---|
| Oignon haché | ⅔ tasse | 150 mL |
| Gousse d'ail, émincée | 1 | 1 |
| Margarine de régime | 1 c. à thé | 5 mL |
| Cassonade, tassée | 1 c. à thé | 5 mL |
| Bouillon de poulet condensé | 2 × 10 oz | 2 × 284 mL |
| Eau | 2 tasses | 500 mL |
| Feuille de laurier | 1 | 1 |
| Poivre de Cayenne, une pincée | | |
| Sel assaisonné | 1 c. à thé | 5 mL |
| Brocoli, haché (réserver 250 mL, 1 tasse, de bouquets) | 2 lb | 900 g |
| Lait écrémé évaporé | 1 tasse | 250 mL |
| Farine tout usage | 2 c. à soupe | 30 mL |
| Bouquets de brocoli réservés | 1 tasse | 250 mL |
| Spaghetti (longues pâtes), brisés en longueurs de 5 cm (2 po) (voir remarque) | 2 oz | 57 g |
| Eau bouillante | 4 tasses | 1 L |

Faire sauter l'oignon et l'ail dans la margarine dans une grande casserole jusqu'à ce que l'oignon soit mou. Saupoudrer de cassonade. Remuer. Cuire en remuant souvent jusqu'à ce que l'oignon soit doré et très mou.

Incorporer le bouillon de poulet, l'eau, la feuille de laurier, le cayenne et le sel assaisonné en remuant. Ajouter le brocoli. Porter à ébullition. Couvrir. Laisser mijoter pendant 30 à 40 minutes, jusqu'à ce que le brocoli soit tendre. Jeter la feuille de laurier. Retirer le brocoli avec une écumoire et le mettre dans le mélangeur. Combiner jusqu'à ce que la préparation soit lisse, puis remettre le tout dans le bouillon, dans la casserole. Porter à ébullition.

Combiner le lait évaporé et la farine dans un petit bol. Mélanger jusqu'à ce que la préparation soit lisse. Incorporer à la soupe en remuant. Ajouter les bouquets de brocoli réservés. Laisser bouillir jusqu'à ce que le brocoli soit tendre, mais encore croquant, et que la soupe ait épaissi.

Cuire les pâtes dans l'eau bouillante (non salée) dans une grande casserole pendant 10 minutes, en remuant de temps en temps, jusqu'à ce qu'elles soient tendres, mais encore fermes. Les égoutter et les ajouter à la soupe. Donne 1,5 L (6 tasses).

*250 mL (1 tasse) : 167 calories; 2,2 g de matières grasses (0,5 g de gras saturés, 2,6 mg de cholestérol); 958 mg de sodium; 14 g de protéines; 25 g de glucides; 4 g de fibres alimentaires*

Photo à la page 125.

**Remarque :** On peut remplacer les spaghetti par autant de pâtes au citron et au poivre, page 84, coupées en longues pâtes, pour donner du piquant à cette soupe.

# Soupe estivale

*On peut remplacer les vermicelles par environ 500 mL (2 tasses) de pâtes cuites. Une fois la soupe servie dans les bols, on peut la garnir de parmesan et de basilic frais.*

| | | |
|---|---|---|
| Oignon haché | 1 tasse | 250 mL |
| Gousses d'ail, émincées | 4 | 4 |
| Huile d'olive | 2 c. à thé | 10 mL |
| Céleri, haché | ½ tasse | 125 mL |
| Carotte, coupée en dés | ½ tasse | 125 mL |
| Pommes de terre, coupées en dés | 1 tasse | 250 mL |
| Haricots verts frais, coupés en longueurs de 2 cm (¾ po) | 1 tasse | 250 mL |
| Tomates en conserve, coupées en dés, non égouttées | 14 oz | 398 mL |
| Basilic déshydraté | 4 c. à thé | 20 mL |
| Sel assaisonné | 1½ c. à thé | 7 mL |
| Marjolaine moulue | ½ c. à thé | 2 mL |
| Poivre moulu | ⅛ c. à thé | 0,5 mL |
| Feuilles de laurier | 2 | 2 |
| Eau | 8 tasses | 2 L |
| Petits haricots blancs cuits, non égouttés | 14 oz | 398 mL |
| Épinards frais, effilés, tassés | 2 tasses | 500 mL |
| Vermicelles (longues pâtes fines), brisés en longueurs de 5 cm (2 po) | 4 oz | 113 g |
| Eau bouillante | 1 pte | 1 L |
| Sel | 1 c. à thé | 5 mL |

Faire sauter l'oignon et l'ail dans l'huile dans un faitout environ 5 minutes, en remuant souvent, jusqu'à ce que l'oignon soit mou.

Ajouter les 11 prochains ingrédients. Porter à ébullition. Réduire le feu. Laisser mijoter, sous couvert partiel, pendant 15 minutes, jusqu'à ce que les pommes de terre soient presque cuites.

Ajouter les haricots et les épinards. Laisser mijoter à découvert pendant 5 à 6 minutes, jusqu'à ce que les pommes de terre et les haricots soient tendres. Jeter les feuilles de laurier.

Cuire les pâtes dans l'eau bouillante additionnée du sel dans une casserole moyenne pendant 5 minutes, en remuant de temps en temps, jusqu'à ce qu'elles soient tout juste tendres. Les égoutter et les incorporer à la soupe. Donne 3,25 L (13 tasses).

*250 mL (1 tasse) : 109 calories; 1,1 g de matières grasses (0,2 g de gras saturés, 0 mg de cholestérol); 224 mg de sodium; 5 g de protéines; 21 g de glucides; 3 g de fibres alimentaires*

Photo à la page 125.

# Soupe aux pâtes et au chou

*Une soupe épaisse, qui fait du bien. La préparation est simple et très rapide.*

| | | |
|---|---|---|
| Oignon haché | 1 tasse | 250 mL |
| Huile d'olive | 1 c. à thé | 5 mL |
| Chou vert, finement déchiqueté | 4 tasses | 1 L |
| Eau | 2½ pte | 2,5 L |
| Tomates étuvées en conserve, non égouttées, hachées | 14 oz | 398 mL |
| Carotte moyenne, grossièrement hachée | 1 | 1 |
| Bouillon de légumes en poudre | 3 c. à soupe | 50 mL |
| Origan broyé | ⅛ c. à thé | 0,5 mL |
| Poivre | ⅛ c. à thé | 0,5 mL |
| Pommes de terre, pelées, coupées en dés | 2 tasses | 500 mL |
| Orzo non cuit (très petites pâtes) | ⅔ tasse | 150 mL |
| Persil frais, haché | 2 c. à soupe | 30 mL |

Faire sauter l'oignon dans l'huile dans un faitout pendant 3 à 4 minutes jusqu'à ce qu'il soit mou. Incorporer le chou en remuant. Cuire environ 5 minutes, en remuant souvent, jusqu'à ce que le chou soit fané.

Ajouter l'eau, les tomates, les carottes, le bouillon en poudre, l'origan et le poivre. Porter à ébullition. Laisser mijoter, sous couvert partiel, pendant 20 minutes.

Ajouter les pommes de terre et les pâtes. Laisser mijoter, sous couvert partiel, pendant 15 minutes jusqu'à ce que les pommes de terre soient cuites et que les pâtes soient tendres, mais encore fermes.

Incorporer le persil en remuant. Donne 12 tasses (3 L).

*250 mL (1 tasse)* : 74 calories; 0,9 g de matières grasses (0,2 g de gras saturés, 0,3 mg de cholestérol); 546 mg de sodium; 3 g de protéines; 15 g de glucides; 2 g de fibres alimentaires

Photo à la page 125.

1. Soupe estivale, page 123
2. Soupe aux pâtes et au chou, ci-dessus
3. Crème de brocoli, page 122
4. Soupe aux poireaux et aux asperges, page 131
5. Chaudrée aux courgettes, page 121

Accessoires fournis par : Chintz & Company
Eaton
Stokes

Soupes

# Soupe wonton

*On devine un soupçon de gingembre.*

| | | |
|---|---|---|
| Bouillon de poulet condensé | 2 × 10 oz | 2 × 284 mL |
| Eau | 5 tasses | 1,25 L |
| Sauce soja à teneur en sel réduite | 1 c. à soupe | 15 mL |
| Fine tranche de gingembre frais | 1 | 1 |
| Pak-choï, tranché fin, avec feuilles vertes | 1 tasse | 250 mL |
| Champignons frais, tranchés fin (voir remarque) | 1 tasse | 250 mL |
| Poulet, jambon ou porc cuit, coupé en fines lanières (facultatif) | ½ tasse | 125 mL |
| Châtaignes d'eau tranchées, en conserve (facultatif) | ½ × 8 oz | ½ × 227 mL |
| Wontons végétariens, page 145, ou Wontons aux crevettes et à la viande, page 142 | 25 | 25 |
| Oignons verts, tranchés fin | 2 | 2 |

Laisser mijoter le bouillon, l'eau, la sauce soja, la tranche de gingembre et le pak-choï dans un faitout pendant 5 minutes. Jeter la tranche de gingembre.

Ajouter les champignons, la viande et les châtaignes d'eau. Laisser mijoter pendant 5 minutes. Augmenter la chaleur. Ajouter les wontons. Porter à ébullition en remuant doucement. Laisser bouillir à petits bouillons pendant 4 à 5 minutes, jusqu'à ce que les wontons soient tendres.

Ajouter l'oignon vert. Servir sur-le-champ. Donne 2 L (8 tasses).

*250 mL (1 tasse) avec les wontons : 55 calories; 1,0 g de matières grasses (0,3 g de gras saturés, 1,6 mg de cholestérol); 666 mg de sodium; 5 g de protéines; 7 g de glucides; 1 g de fibres alimentaires*

**Remarque :** Pour donner plus de goût à la soupe, y ajouter des champignons shiitake ou d'autres champignons exotiques.

1. Pâtes Ceci, page 63
2. Gnocchis garnis de purée de tomates, page 80
3. Fricassée de courgettes au pesto, page 60
4. Minestrone, page 130
5. Tortellini dans un bouillon, page 128

Accessoires fournis par : Chintz & Company
Creations By Design
Eaton
Stokes

# Soupe de pommes de terre et de poireaux

*Utiliser des restes de pâte fraîches comme les pâtes aux oignons verts, page 83, ou les pâtes au basilic et à l'ail, page 82, dans cette soupe onctueuse.*

| | | |
|---|---|---|
| Poireaux moyens, tranchés fin | 2 | 2 |
| Margarine de régime | 1 c. à soupe | 15 mL |
| Eau | 8 tasses | 2 L |
| Pommes de terre, pelées, coupées en dés | 3 tasses | 750 mL |
| Sel | 1 c. à thé | 5 mL |
| Poivre, une pincée | | |
| Pâtes moyennes non cuites (113 g, 4 oz) | 1 tasse | 250 mL |
| Aneth frais, haché (ou 10 mL, 2 c. à thé, déshydraté) | 2 c. à soupe | 30 mL |
| Lait écrémé évaporé | ½ tasse | 125 mL |

Faire sauter les poireaux dans la margarine dans une grande casserole jusqu'à ce qu'ils soient mous.

Ajouter l'eau, les pommes de terre, le sel et le poivre. Porter à ébullition. Réduire le feu. Laisser mijoter, sous couvert partiel, pendant 10 minutes jusqu'à ce que les pommes de terre soient tout juste tendres.

Incorporer les pâtes et l'aneth en remuant. Cuire sous couvert partiel pendant 5 à 6 minutes si les pâtes sont fraîches ou pendant 8 à 10 minutes si elles sont sèches.

Ajouter le lait évaporé. Remuer jusqu'à ce que la soupe soit chaude. Donne 2 L (8 tasses).

*250 mL (1 tasse) : 138 calories; 1,1 g de matières grasses (0,2 g de gras saturés, 0,6 mg de cholestérol); 387 mg de sodium; 5 g de protéines; 28 g de glucides; 2 g de fibres alimentaires*

# Tortellini dans un bouillon

*Les tortellini maison donnent une soupe exceptionnelle, mais les préparations commerciales sont également bonnes! La préparation est rapide et simple.*

| | | |
|---|---|---|
| Bouillon de poulet condensé | 3 × 10 oz | 3 × 284 mL |
| Eau | 3½ tasses | 875 mL |
| Bouquets de brocoli | 2 tasses | 500 mL |
| Oignons verts, tranchés fin | 4 | 4 |
| Tortellini aux champignons, page 148 (½ de la recette), ou 454 g, 1 lb, de tortellini à la viande ou au fromage commerciaux (voir remarque) | 50 | 50 |
| Produit de parmesan léger râpé, pincée (facultatif) | | |

*(suite...)*

Porter le bouillon de poulet et l'eau à ébullition dans un faitout.

Ajouter le brocoli et l'oignon vert. Laisser mijoter, sous couvert partiel, pendant 4 à 5 minutes. Ajouter les tortellini frais. Porter à ébullition. Cuire sous couvert partiel pendant 4 à 5 minutes jusqu'à ce qu'ils soient tendres, mais encore fermes.

Répandre du parmesan sur la soupe après l'avoir versée dans les bols. Donne 2,25 L (9 tasses).

*250 mL (1 tasse) : 144 calories; 2 g de matières grasses (0,5 g de gras saturés, 1 mg de cholestérol); 913 mg de sodium; 10 g de protéines; 22 g de glucides; 1 g de fibres alimentaires*

Photo à la page 126.

**Remarque :** Si l'on se sert de tortellini commerciaux, les ajouter à la soupe en même temps que le brocoli et l'oignon vert. Cuire pendant 10 à 12 minutes jusqu'à ce que les tortellini soient tendres, mais encore fermes.

# Soupe spaetzle

*En allemand, spaetzle (SPéTE-sèl) signifie « petit moineau ».*
*En réalité, il s'agit de petites pâtes.*

| | | |
|---|---|---|
| Eau | 8 tasses | 2 L |
| Bouillon de poulet (ou de légumes) | ¼ tasse | 60 mL |
| Céleri, tranché | 1 tasse | 250 mL |
| Feuilles de céleri, hachées, tassées | ¼ tasse | 60 mL |
| Oignon, haché fin | ¼ tasse | 60 mL |
| Carottes moyennes, coupées en dés | 2 | 2 |
| Persil en flocons | 1 c. à soupe | 15 mL |
| Feuille de laurier | 1 | 1 |
| Farine tout usage | 1¼ tasse | 300 mL |
| Sel, une pincée | | |
| Produit d'œufs surgelé, dégelé | 8 oz | 227 mL |
| Eau froide, environ | 5 c. à soupe | 75 mL |
| Poivre frais moulu, une pincée | | |

Combiner les 8 premiers ingrédients dans une grande casserole ou dans un faitout. Laisser mijoter, sous couvert partiel, pendant 30 minutes jusqu'à ce que l'oignon soit mou.

Combiner la farine, le sel, le produit d'œufs et 50 mL (3 c. à soupe) d'eau dans un petit bol. Mélanger jusqu'à ce que la préparation soit lisse. Incorporer environ 30 mL (2 c. à soupe) d'eau en remuant pour faire une pâte épaisse et collante. Pour faire les spaetzle, presser la pâte dans un outil à spaetzle ou dans une passoire avec le dos d'une cuillère et les recueillir dans le bouillon qui mijote. Les trous de la passoire doivent mesurer au moins 4 mm (³⁄₁₆ po) de diamètre. Cuire pendant 3 à 5 minutes jusqu'à ce que les spaetzle soient tendres, mais encore fermes. Jeter la feuille de laurier.

Poivrer. Donne environ 3 L (12 tasses).

*250 mL (1 tasse) : 79 calories; 0,8 g de matières grasses (0,2 g de gras saturés, 0,5 mg de cholestérol); 704 mg de sodium; 4 g de protéines; 14 g de glucides; 1 g de fibres alimentaires*

# Minestrone

*Un bouillon rouge bien riche qui contient tout plein de légumes et de pâtes.*
*Le tout est bien satisfaisant. Il suffit de 15 minutes pour hacher tous les légumes.*

| | | |
|---|---|---|
| Oignon haché | 1 tasse | 250 mL |
| Gousses d'ail, émincées | 2 | 2 |
| Huile d'olive | 2 c. à thé | 10 mL |
| Céleri haché, avec quelques feuilles | 1 tasse | 250 mL |
| Eau | 8 tasses | 2 L |
| Tomates en conserve, non égouttées, hachées ou passées rapidement au mélangeur | 28 oz | 796 mL |
| Bouillon de légumes en poudre | 1 c. à soupe | 15 mL |
| Persil en flocons | 1 c. à soupe | 15 mL |
| Thym moulu | 1 c. à thé | 5 mL |
| Poudre de chili | ½ c. à thé | 2 mL |
| Sel | ½ c. à thé | 2 mL |
| Romarin moulu | ⅛ c. à thé | 0,5 mL |
| Feuille de laurier | 1 | 1 |
| Poivre de Cayenne, une pincée | | |
| Carottes, coupées en dés | 2 tasses | 500 mL |
| Courgettes, non pelées, coupées en dés | 1½ tasse | 375 mL |
| Chou, haché fin | 1 tasse | 250 mL |
| Haricots rouges, en conserve, non égouttés | 2 × 14 oz | 2 × 398 mL |
| Haricots blancs, en conserve, égouttés | 14 oz | 398 mL |
| Macaroni (petites pâtes), 113 g (4 oz) | 1 tasse | 250 mL |
| Eau bouillante | 6 tasses | 1,5 L |
| Sel | 1½ c. à thé | 7 mL |
| Parmesan frais, râpé, une pincée (facultatif) | | |

Faire sauter l'oignon et l'ail dans l'huile dans un faitout pendant 1 minute. Ajouter le céleri. Faire sauter pendant 3 à 4 minutes, jusqu'à ce que l'oignon soit mou.

Ajouter les 13 prochains ingrédients. Porter à ébullition. Laisser mijoter, sous couvert partiel, pendant 40 minutes, jusqu'à ce que les carottes soient tendres.

Écraser à la fourchette environ la ½ d'une boîte de haricots rouges. Incorporer cette purée à la soupe. Ajouter le reste des haricots rouges ainsi que les haricots blancs. Laisser mijoter, sous couvert partiel, pendant 20 minutes.

Cuire les macaroni dans l'eau bouillante additionnée de la seconde quantité de sel dans une grande casserole pendant 7 à 8 minutes, en remuant de temps en temps, jusqu'à ce qu'ils soient tendres, mais encore fermes. Bien les égoutter et les ajouter à la soupe. Quand la soupe est servie dans les bols, la saupoudrer de parmesan. Donne 4,25 L (17 tasses), de quoi nourrir une armée!

*250 mL (1 tasse) : 115 calories; 1,2 g de matières grasses (0,2 g de gras saturés, 0,1 mg de cholestérol); 484 mg de sodium; 6 g de protéines; 21 g de glucides; 5 g de fibres alimentaires*

Photo à la page 126.

# Soupe aux poireaux et aux asperges

*Pour gagner du temps, hacher les légumes pendant que le poulet cuit.*

| | | |
|---|---|---|
| Moitié de poitrine de poulet, dépouillée et désossée | ¼ lb | 113 g |
| Vin blanc (ou vin sans alcool) | ¼ tasse | 60 mL |
| Bouillon de poulet condensé | 3 × 10 oz | 3 × 284 mL |
| Eau | 4 tasses | 1 L |
| Poireau moyen (parties blanches et vertes tendres seulement), voir conseil, ci-dessous | 1 | 1 |
| Poivron rouge ou jaune, coupé en petits dés | ½ tasse | 125 mL |
| Asperges fraîches, tranchées en longueurs de 2,5 cm (1 po) | 1 lb | 454 g |
| Fusilli (spirales) non cuits, 100 g (3½ oz) | 1 tasse | 250 mL |
| Persil frais, haché fin (ou 10 mL, 2 c. à thé, de persil déshydraté) | 2 c. à soupe | 30 mL |
| Poivre | ⅛ c. à thé | 0,5 mL |

Mettre le poulet et le vin dans une petite poêle à revêtement antiadhésif. Cuire sous couvert pendant 3 à 4 minutes de chaque côté. Découvrir la poêle. Cuire jusqu'à ce qu'il ne reste plus de liquide et que le poulet soit bien doré des deux côtés. Poser le poulet sur une planche à découper. Le couper en lanières.

Combiner le bouillon de poulet et l'eau dans un faitout. Prélever un peu de bouillon avec une louche et le mettre dans la poêle qui a servi à cuire le poulet, puis reverser le tout dans le faitout. Cette étape ajoute beaucoup de goût à la soupe.

Couper le poireau en tranches très fines, sur le travers. L'ajouter au bouillon. Ajouter le poivron rouge. Porter à ébullition. Laisser mijoter, sous couvert partiel, pendant 20 minutes.

Ajouter les asperges, les pâtes et le poulet. Cuire pendant 12 à 15 minutes, sous couvert partiel, jusqu'à ce que les asperges et les pâtes soient tendres.

Incorporer le persil et le poivre en remuant. Donne 2,25 L (9 tasses).

*250 mL (1 tasse) : 108 calories; 1,5 g de matières grasses (0,4 g de gras saturés, 8,3 mg de cholestérol); 642 mg de sodium; 10 g de protéines; 12 g de glucides; 2 g de fibres alimentaires*

Photo à la page 125.

*conseil* *Pour bien laver les poireaux, les couper en deux sur la hauteur. Passer le côté coupé sous l'eau froide pour en laver la terre.*

# Pierogie

*Spécialité polonaise. Servir avec la sauce aux champignons et à l'aneth, page 110, ou avec de la crème sure légère.*

### PÂTE À PIEROGIE

| | | |
|---|---|---|
| Pâte de base, page 86 | 1½ lb | 680 g |

### GARNITURE AUX POMMES DE TERRE ET AU FROMAGE

| | | |
|---|---|---|
| Pommes de terre au four, pelées | 1 lb | 454 g |
| Eau bouillante | 2 tasses | 500 mL |
| Cheddar à basse teneur en matières grasses, râpé | ½ tasse | 125 mL |
| Poudre d'oignon | ¼ c. à thé | 1 mL |
| Sel | ½ c. à thé | 2 mL |
| Poivre | ⅛ c. à thé | 0,5 mL |

### GARNITURE À LA CHOUCROUTE

| | | |
|---|---|---|
| Oignon, haché fin | 2 c. à soupe | 30 mL |
| Margarine | 1 c. à thé | 5 mL |
| Choucroute, bien égouttée et hachée | 2 tasses | 500 mL |
| Purée de pommes de terre | ⅓ tasse | 75 mL |
| Poivre | ⅛ c. à thé | 0,5 mL |
| Eau bouillante | 3 pte | 3 L |
| Sel | 1 c. à soupe | 15 mL |

**Pâte à pierogie :** Abaisser le ⅓ de la pâte en une couche très fine (environ 1,5 mm, ¹⁄₁₆ po) sur une surface légèrement enfarinée.

1.  Couper des ronds de pâte avec un emporte-pièce de 7,5 cm (3 po). Dresser 10 mL (2 c. à thé) de garniture au centre de chaque rond de pâte.

2.  Humecter le tour de la pâte et ramener les bords ensemble. Pincer pour les sceller. Poser les pierogie sur une plaque à pâtisserie non graissée. Couvrir avec un torchon. Laisser les pierogie sous le torchon pour éviter qu'ils ne sèchent. À ce stade, on peut surgeler les pierogie sur la plaque à pâtisserie, puis les ranger dans un sac pour la congélation.

Déposer délicatement environ 15 pierogie à la fois dans l'eau bouillante additionnée de sel dans un faitout. Porter à nouvelle ébullition. Cuire environ 3 minutes, en remuant souvent, jusqu'à ce que les pierogie aient l'air gonflé et remontent à la surface. Si les pierogie sont surgelés, les cuire pendant 5 à 6 minutes. Les sortir de l'eau avec une écumoire. Rincer à l'eau tiède. Égoutter. Déguster les pierogie tels quels ou les arroser de bouillon de poulet tiède. Couvrir et garder au chaud dans le four, à basse température. Donne 48 pierogie.

*(suite...)*

**Garniture aux pommes de terre et au fromage** : Cuire les pommes de terre dans l'eau bouillante dans une casserole moyenne environ 25 minutes, jusqu'à ce qu'elles soient tendres. Égoutter. Réserver environ 125 mL (½ tasse) de l'eau de cuisson. Bien écraser les pommes de terre, en y ajoutant le fromage, la poudre d'oignon, le sel et le poivre. Ajouter l'eau réservée, au besoin, pour humecter la purée. Donne 500 mL (2 tasses) de garniture.

**Garniture à la choucroute** : Faire sauter l'oignon dans la margarine dans une poêle moyenne à revêtement antiadhésif jusqu'à ce qu'il soit mou. Ajouter la choucroute. Faire sauter jusqu'à ce qu'elle sèche légèrement. Ajouter la purée de pommes de terre et le poivre. Bien mélanger. Laisser refroidir la garniture avant de farcir les pierogie. Donne 500 mL (2 tasses) de garniture.

*1 pierogi farci de garniture aux pommes de terre et au fromage : 41 calories; 0,3 g de matières grasses (0,2 g de gras saturés, 0,8 mg de cholestérol); 93 mg de sodium; 1 g de protéines; 8 g de glucides; trace de fibres alimentaires*

*1 pierogi farci de garniture à la choucroute : 34 calories; 0,2 g de matières grasses (trace de gras saturés, 0 mg de cholestérol); 106 mg de sodium; 1 g de protéines; 7 g de glucides; 1 g de fibres alimentaires*

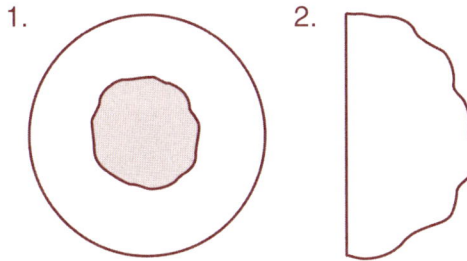

*conseil* Pendant la préparation des pâtes farcies, il faut éviter que la pâte ne sèche. Pour ce faire, on enveloppe la pâte qui n'a pas encore servi bien serrée dans une pellicule plastique.

Pâtes farcies **133**

# Chapeaux aux épinards et au fromage

*Ces mignons petits « chapeaux » sont remplis de garniture blanche et verte.*

**GARNITURE**

| | | |
|---|---|---|
| Gousse d'ail, émincée (facultatif) | 1 | 1 |
| Oignon, haché fin | 2 c. à soupe | 30 mL |
| Margarine | 1 c. à thé | 5 mL |
| Épinards surgelés, dégelés, essorés et hachés fin | $\frac{1}{3} \times$ 10 oz | $\frac{1}{3} \times$ 300 g |
| Fromage cottage caillé sec | $\frac{1}{2}$ tasse | 125 mL |
| Blanc d'un gros œuf | 1 | 1 |
| Fromage à la crème sans matières grasses | 2 c. à soupe | 30 mL |
| Produit de parmesan léger râpé | 1 c. à soupe | 15 mL |
| Sel | $\frac{3}{4}$ c. à thé | 4 mL |
| Persil en flocons | $\frac{1}{4}$ c. à thé | 1 mL |
| Marjolaine, déshydratée, broyée | $\frac{1}{4}$ c. à thé | 1 mL |
| Basilic déshydraté, broyé | $\frac{1}{4}$ c. à thé | 1 mL |
| Poivre frais moulu, une pincée | | |
| Pâte aux œufs maison, page 87 (ou pâte de base, page 86), environ le $\frac{1}{3}$ de la recette, voir remarque | $\frac{1}{2}$ lb | 225 g |
| Eau bouillante | 3 pte | 3 L |
| Sel | 1 c. à soupe | 15 mL |

**Garniture :** Faire sauter l'ail et l'oignon dans la margarine jusqu'à ce que l'oignon soit mou. Incorporer les épinards en remuant. Cuire pendant 30 secondes pour les sécher.

Mettre les 9 prochains ingrédients dans le mélangeur. Ajouter le mélange aux épinards. Combiner, en arrêtant et en repartant le mélangeur, jusqu'à ce que les épinards soient bien hachés et que les fromages soient uniformément humectés. Donne 175 mL ($\frac{3}{4}$ tasse) de garniture.

1. Abaisser le $\frac{1}{4}$ de la pâte en un rectangle très mince de 30 × 40 cm (12 × 16 po). La couper en bandes de 5 cm (2 po) de large. Espacer la garniture sur la pâte en petits monticules de 1 mL ($\frac{1}{4}$ c. à thé) à environ 3,8 cm (1$\frac{1}{2}$ po) les uns des autres, en commençant à 2 cm ($\frac{3}{4}$ po) du bord. Couper la pâte en carrés entre les monticules de garniture avec un couteau affûté.

2. Humecter 2 côtés adjacents de chaque carré avec de l'eau. Replier les deux côtés humectés en diagonale, sur les deux côtés secs, de façon à enfermer la garniture dans la pâte.

3 a) Pincer les bords ensemble pour former un petit triangle farci.

3 b) Replier chaque triangle autour d'un doigt et pincer 2 pointes ensemble. S'assurer que la pointe qui demeure libre soit relevée pour évoquer un petit chapeau. Répéter ces étapes jusqu'à ce qu'il ne reste plus de pâte et de garniture. Poser les chapeaux en une couche sur un plateau enfariné et les recouvrir d'un torchon en attendant le moment de les cuire.

*(suite...)*

Pâtes farcies

Cuire les chapeaux en 2 fois, dans l'eau bouillante à petits bouillons additionnée de la seconde quantité de sel, dans un faitout pendant 2 à 3 minutes (ces pâtes cuisent plus rapidement que les tortellini aux champignons parce qu'elles sont plus petites), en remuant de temps en temps, jusqu'à ce qu'ils soient tendres, mais encore fermes. Les retirer de l'eau avec une écumoire et les poser dans une passoire. Rincer à l'eau chaude. Égoutter. Donne environ 130 chapeaux, soit assez pour 8 portions.

*1 portion* : *90 calories; 0,9 g de matières grasses (0,2 g de gras saturés, 1 mg de cholestérol); 424 mg de sodium; 6 g de protéines; 14 g de glucides; 1 g de fibres alimentaires*

Photo à la page 144.

**Remarque :** La pâte à base de semoule durum au lieu de farine est plus ferme et plus facile à manipuler.

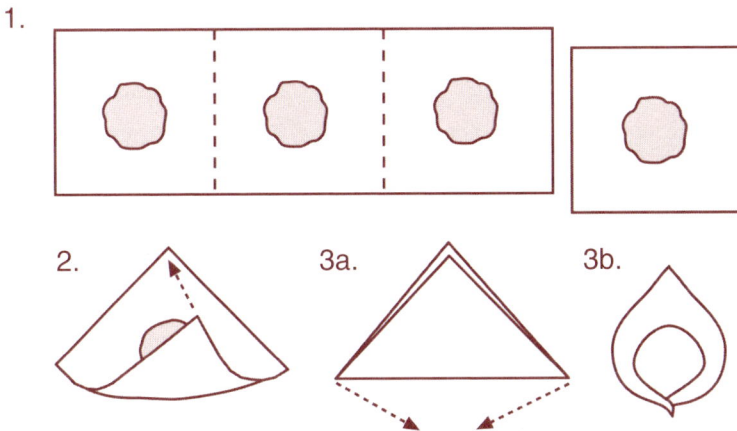

*conseil*  *Pour frire des légumes ou de l'ail dans une petite quantité d'huile, il faut utiliser une poêle à revêtement antiadhésif ou ajouter un peu de liquide, comme l'eau de tomates en conserve, du vin ou du bouillon, pour éviter que les légumes ne brûlent.*

# Coquilles géantes au fromage

*Les coquilles géantes sont vendues dans les épiceries italiennes.*

| | | |
|---|---|---|
| Farine tout usage | 4 c. à thé | 20 mL |
| Lait écrémé évaporé | ¾ tasse | 175 mL |
| Oignon, haché fin | ½ tasse | 125 mL |
| Gousse d'ail, émincée | 1 | 1 |
| Huile d'olive | 1 c. à thé | 5 mL |
| Tomates italiennes, en conserve, passées au mélangeur | 14 oz | 398 mL |
| Basilic frais, haché fin (ou 5 mL, 1 c. à soupe, déshydraté) | ¼ tasse | 60 mL |
| Sel | ¼ c. à thé | 1 mL |
| Coquilles géantes (225 g, 8 oz) | 24 | 24 |
| Eau bouillante | 3 pte | 3 L |
| Sel | 1 c. à soupe | 15 mL |
| Ricotta partiellement écrémé | 1 tasse | 250 mL |
| Fromage cottage à la crème sans matières grasses, passé à l'étamine ou réduit en purée | 1 tasse | 250 mL |
| Blancs de deux gros œufs, battus à la fourchette | 2 | 2 |
| Produit de parmesan léger râpé | 1 c. à soupe | 15 mL |
| Sel, une pincée | | |
| Poivre | ¹⁄₁₆ c. à thé | 0,5 mL |

Mettre la farine dans une petite casserole. Incorporer lentement le lait évaporé au fouet, à feu moyen, jusqu'à ce que la préparation bouille et épaississe. Retirer du feu. Couvrir.

Faire sauter l'oignon et l'ail dans l'huile dans une poêle moyenne à revêtement antiadhésif jusqu'à ce qu'ils soient mous. Incorporer les tomates, le basilic et la première quantité de sel en remuant. Couvrir. Laisser mijoter pendant 10 minutes. Incorporer le mélange de lait en remuant. Laisser mijoter, en remuant sans arrêt, jusqu'à ce que la préparation bouille et épaississe. Verser le tout dans un plat de 22 × 33 cm (9 × 13 po) non graissé.

Cuire les coquilles dans l'eau bouillante additionnée de la seconde quantité de sel dans une grande casserole pendant 10 à 12 minutes, en remuant soigneusement pour ne pas les déchirer. Les coquilles ne doivent pas être trop cuites. Les égoutter et bien les rincer à l'eau froide. Poser les coquilles à l'envers sur un torchon sec et propre pour les égoutter.

Combiner les 6 derniers ingrédients dans un petit bol. Bien mélanger. Remplir chaque coquille d'une généreuse cuillerée du mélange au fromage. Poser les coquilles dans le plat, sur la sauce. Couvrir le plat avec un papier d'aluminium. Cuire au four à 350 °F (175 °C) pendant 50 minutes. Arroser les coquilles de la sauce qui reste dans le plat au moment de servir. Donne 500 mL (2 tasses) de sauce et 24 coquilles. Pour 4 personnes.

*1 portion : 457 calories; 7,9 g de matières grasses (3,7 g de gras saturés, 22,5 mg de cholestérol); 645 mg de sodium; 34 g de protéines; 63 g de glucides; 3 g de fibres alimentaires*

Photo à la page 143.

# Rouleau à la suisse

*Ce plat est très joli. On peut le préparer à l'avance et le réchauffer (voir Conseil, page 147).*

| | | |
|---|---|---|
| Pâte aux œufs maison, page 87 (la ½ de la recette) | ¾ lb | 340 g |
| Épinards hachés, surgelés, dégelés | 2 × 10 oz | 2 × 300 g |
| Sel | ½ c. à thé | 2 mL |
| Poivre au citron | ¼ c. à thé | 1 mL |
| Jambon sans matières grasses, haché | 2 × 4 oz | 2 × 125 g |
| Oignons verts, tranchés | 3 | 3 |
| Romano, râpé | 2 c. à soupe | 30 mL |
| Eau bouillante, pour couvrir | | |
| Sel | 1 c. à soupe | 15 mL |
| **SAUCE AU GRUYÈRE** | | |
| Lait écrémé évaporé | 13½ oz | 385 mL |
| Farine tout usage | 3 c. à soupe | 50 mL |
| Fromage à la crème tartinable sans matières grasses | ¼ tasse | 60 mL |
| Gruyère à basse teneur en matières grasses, râpé | ½ tasse | 125 mL |
| Muscade moulue, une pincée | | |
| Poivre | ⅛ c. à thé | 0,5 mL |
| Persil frais, haché | 1 c. à soupe | 15 mL |

Abaisser la pâte en un rectangle de 25 × 30 cm (10 × 12 po).

Essorer les épinards. Bien les hacher, puis les répandre sur la pâte en les tassant légèrement, en arrêtant à 2,5 cm (1 po) du bord. Répandre la première quantité de sel et le poivre au citron sur les épinards, puis faire de même avec le jambon, l'oignon vert et le romano. Enrouler la pâte délicatement, mais fermement, depuis un des longs côtés, comme s'il s'agissait d'un gâteau roulé. Humecter le long côté de la pâte pour le sceller. Poser le rouleau, côté scellé vers le bas, sur 4 épaisseurs d'étamine ou sur un torchon. Envelopper le rouleau bien serré dans l'étamine et nouer les bouts avec de la ficelle (comme un pétard de Noël).

Porter l'eau et la seconde quantité de sel à ébullition dans un grand plat à rôtir muni d'une grille. Poser délicatement le rouleau dans l'eau. Rajouter de l'eau bouillante au besoin, pour couvrir le rouleau. Laisser mijoter doucement, sous couvert, pendant 30 minutes. Retirer délicatement le rouleau de l'eau avec 2 écumoires ou spatules pour pouvoir soutenir les deux extrémités et éviter que le rouleau ne casse au milieu. Poser le rouleau sur un plat de service. Enlever délicatement l'étamine. Laisser le rouleau refroidir quelques instants avant de le couper.

**Sauce au gruyère :** Combiner le lait évaporé avec la farine jusqu'à ce que la préparation soit lisse. Chauffer en remuant souvent, jusqu'à ce que la préparation bouille et épaississe. Retirer du feu. Ajouter les 5 derniers ingrédients et remuer pour faire fondre le fromage. Donne 400 mL (1⅔ tasse) de sauce. Trancher le rouleau et poser les tranches sur un plat de service. Servir sur-le-champ, nappé de sauce au gruyère chaude. Couper en 12 tranches.

*1 tranche : 153 calories; 1,7 g de matières grasses (0,8 g de gras saturés, 5,5 mg de cholestérol); 622 mg de sodium; 12 g de protéines; 23 g de glucides; 2 g de fibres alimentaires*

Photo à la page 143.

# Manicotti aux poireaux et aux épinards

*Pour farcir les manicotti, on peut se servir d'un sac pour la congélation dont on a coupé un coin ou d'une poche à pâtisserie munie d'une grosse douille.*

| | | |
|---|---|---|
| Poireaux, tranchés fin (parties blanches et vertes tendres seulement) | 3 tasses | 750 mL |
| Gousses d'ail, émincées | 2 | 2 |
| Huile d'olive | 2 c. à thé | 10 mL |
| Eau | 1 c. à soupe | 15 mL |
| Épinards frais, grossièrement hachés, bien tassés | 6 tasses | 1,5 L |
| Fromage à la crème tartinable sans gras, à saveur de fines herbes | ¼ tasse | 60 mL |
| Fromage cottage caillé sec | 1½ tasse | 375 mL |
| Blancs de deux gros œufs | 2 | 2 |
| Sel | ½ c. à thé | 2 mL |
| Basilic déshydraté | ½ c. à thé | 2 mL |
| Origan en feuilles, déshydraté | ¼ c. à thé | 1 mL |
| Muscade moulue, une pincée | | |
| Manicotti | 14 | 14 |
| Eau bouillante | 3 pte | 3 L |
| Sel | 1 c. à soupe | 15 mL |
| Oignon, haché fin | ¼ tasse | 60 mL |
| Huile d'olive | 1 c. à thé | 5 mL |
| Tomates, en conserve, passées au mélangeur | 28 oz | 796 mL |
| Sel | ½ c. à thé | 2 mL |
| Sucre granulé, une pincée | | |
| Mozzarella partiellement écrémé, râpé | ½ tasse | 125 mL |

Faire sauter les poireaux et l'ail dans la première quantité d'huile et d'eau dans une grande poêle à revêtement antiadhésif environ 15 minutes, jusqu'à ce que les poireaux soient tendres. Incorporer les épinards en remuant. Couvrir. Cuire pendant 5 minutes, jusqu'à ce que les épinards soient fanés. Découvrir. Cuire environ 1 minute, jusqu'à ce qu'il ne reste plus de liquide. Incorporer le fromage à la crème en remuant jusqu'à ce qu'il fonde.

Combiner le fromage cottage et les blancs d'œufs dans un petit bol jusqu'à ce que le mélange soit très lisse. Incorporer au mélange d'épinards. Ajouter la première quantité de sel, le basilic, l'origan et la muscade. Bien remuer.

Cuire les manicotti en 2 fois dans l'eau bouillante additionnée de la seconde quantité de sel dans un faitout pendant 7 minutes, en remuant de temps en temps. Ils doivent être fermes. Égoutter et rincer à l'eau froide. Bien égoutter.

Introduire 60 mL (¼ tasse) de garniture dans chaque manicotti. Poser les manicotti en une couche dans un plat de 22 × 33 cm (9 × 13 po) légèrement graissé.

Faire sauter l'oignon dans la seconde quantité d'huile dans une grande poêle à revêtement antiadhésif, en remuant souvent, jusqu'à ce qu'il soit mou. Ajouter les tomates, la troisième quantité de sel et le sucre. Laisser bouillir rapidement à découvert pendant 1 minute. Verser la sauce sur les manicotti et répandre le fromage sur le dessus. Couvrir le plat avec un papier d'aluminium légèrement graissé. Cuire au four à 350 °F (175 °C) pendant 30 minutes, jusqu'à ce que le plat soit bien chaud et bouillonne. Donne 14 manicotti.

*1 manicotti farci nappé de sauce : 132 calories; 2,3 g de matières grasses (0,7 g de gras saturés, 3,6 mg de cholestérol); 340 mg de sodium; 8 g de protéines; 20 g de glucides; 2 g de fibres alimentaires* Photo à la page 54.

# Cannelloni aux épinards

*Les préparatifs peuvent être faits la veille ou le matin. Couvrir et réfrigérer les cannelloni, puis les cuire au moment voulu. Pour farcir les cannelloni, on peut se servir d'un sac pour la congélation dont on a coupé un coin ou d'une poche à pâtisserie munie d'une grosse douille.*

## SAUCE TOMATE

| | | |
|---|---|---|
| Tomates étuvées, en conserve, broyées ou passées au mélangeur | 28 oz | 796 mL |
| Eau | 1 tasse | 250 mL |
| Cassonade, tassée | 1 c. à thé | 5 mL |
| Clous de girofle | 2 | 2 |
| Gousse d'ail, émincée | 1 | 1 |
| Origan en feuilles, déshydraté | ½ c. à thé | 2 mL |

## GARNITURE AUX ÉPINARDS

| | | |
|---|---|---|
| Oignon, haché fin | ⅓ tasse | 75 mL |
| Huile d'olive | 1 c. à thé | 5 mL |
| Épinards hachés, surgelés, dégelés et essorés | 10 oz | 300 g |
| Fromage à la crème tartinable sans matières grasses | ½ tasse | 125 mL |
| Fromage cottage à la crème sans matières grasses, réduit en purée | 1 tasse | 250 mL |
| Blancs de deux gros œufs, battus à la fourchette | 2 | 2 |
| Produit de parmesan léger râpé | 1 c. à soupe | 15 mL |
| Sel | ½ c. à thé | 2 mL |
| Poivre | ⅛ c. à thé | 0,5 mL |
| Muscade moulue | ⅛ c. à thé | 0,5 mL |
| Cannelloni prêts-à-cuire | 15 | 15 |
| Mozzarella partiellement écrémé, râpé | ½ tasse | 125 mL |

**Sauce tomate :** Combiner les 6 premiers ingrédients dans une casserole moyenne. Couvrir. Cuire 30 minutes. Jeter les clous de girofle. Verser la ½ de la sauce dans une cocotte peu profonde de 2 L (2 pte) ou un plat de 22 × 33 cm (9 × 13 po) non graissé. Réserver le reste de la sauce.

**Garniture aux épinards :** Faire sauter l'oignon dans l'huile dans une grande poêle à revêtement antiadhésif jusqu'à ce qu'il soit mou. Ajouter les épinards. Remuer jusqu'à ce qu'il ne reste plus de liquide. Retirer du feu. Ajouter le fromage à la crème. Remuer jusqu'à ce qu'il ait fondu.

Ajouter le fromage cottage, les blancs d'œufs, le parmesan, le sel, le poivre et la muscade. Remuer.

Répartir la garniture dans les cannelloni. Poser ceux-ci en une couche sur la sauce tomate, dans le plat. Les arroser du reste de sauce. Couvrir le plat avec un papier d'aluminium légèrement graissé. Cuire au four à 350 °F (175 °C) pendant 40 minutes, jusqu'à ce que les cannelloni soient tendres et qu'il ne reste presque plus de liquide. Retirer le papier d'aluminium. Répandre le mozzarella sur les cannelloni. Cuire au four à découvert pendant 5 à 10 minutes, jusqu'à ce que le fromage ait fondu. Donne 15 cannelloni.

*1 cannelloni nappé de sauce : 93 calories; 1,4 g de matières grasses (0,6 g de gras saturés, 2,5 mg de cholestérol); 257 mg de sodium; 7 g de protéines; 13 g de glucides; 2 g de fibres alimentaires*

Photo à la page 72 et sur la couverture dos.

# Cannelloni St-Jacques

*Un plat très joli, arrosé d'une sauce abondante. Il convient*
*très bien pour régaler des invités.*

| | | |
|---|---|---|
| Eau | 1 tasse | 250 mL |
| Vin blanc (ou vin sans alcool) | ¼ tasse | 60 mL |
| Feuille de laurier | 1 | 1 |
| Brins de persil frais | 2 | 2 |
| Bouillon de fruits de mer en poudre | 2 c. à thé | 10 mL |
| Petits pétoncles frais (ou surgelés, dégelés) | ¾ lb | 340 g |
| Farine tout usage | ¼ tasse | 60 mL |
| Lait écrémé évaporé | 1 tasse | 250 mL |
| Sel | ¼ c. à thé | 1 mL |
| Poivre frais moulu, une pincée | | |
| Pâte aux œufs maison, page 85 (la ½ de la recette) | 12 oz | 340 g |
| Eau, en 2 parties | 4 c. à soupe | 60 mL |
| Lait écrémé évaporé (ou lait écrémé) | 1 c. à soupe | 15 mL |
| Produit de parmesan léger râpé | 2 c. à soupe | 30 mL |
| Mozzarella partiellement écrémé, râpé | ¼ tasse | 60 mL |
| Lanières de poivron rouge ou de piments forts rôties, pour garnir | | |

Combiner les 5 premiers ingrédients dans une casserole moyenne. Porter à ébullition. Ajouter les pétoncles. Quand la préparation bout de nouveau, après environ 2 minutes, les pétoncles sont à point. Les retirer avec une écumoire et les réserver dans un petit bol, en laissant le liquide dans la casserole.

Combiner la farine et le lait dans un petit bol jusqu'à ce que la préparation soit lisse. Incorporer ce mélange au fouet au liquide laissé dans la casserole. Cuire en remuant souvent jusqu'à ce que la préparation épaississe. Saler et poivrer. Réserver 250 mL (1 tasse) de cette sauce pour la garniture. Incorporer les pétoncles au reste.

Diviser la pâte en deux. Abaisser chaque moitié de pâte sur une surface légèrement enfarinée, en un carré d'environ 28 × 28 cm (11 × 11 po). Redresser les côtés avec une règle et un couteau affûté pour que les carrés mesurent 25 × 25 cm (10 × 10 po). (Réserver les retailles de pâte pour la soupe de pommes de terre et de poireaux, page 128.) Couper les carrés en quatre par le milieu, pour faire huit carrés de pâte de 12,5 × 12,5 cm (5 × 5 po). Dresser environ 60 mL (¼ tasse) de garniture au milieu de chaque carré. Humecter un côté de chaque carré avec un petit pinceau ou avec le doigt. Ramener 2 côtés opposés du carré de pâte ensemble sur la garniture, en rabattant légèrement les bords l'un sur l'autre pour les sceller.

*(suite...)*

Pâtes farcies

Verser 30 mL (2 c. à soupe) d'eau dans le fond d'une cocotte peu profonde de 3 L (3 pte) ou d'un plat de 22 × 33 cm (9 × 13 po) légèrement graissé. Poser les cannelloni farcis, bord scellé au fond, en une couche dans le plat. Arroser chaque cannelloni d'un peu d'eau avec les 30 mL (2 c. à soupe) d'eau qui restent. Couvrir le plat avec un couvercle ou avec du papier d'aluminium. Cuire au four à 350 °F (175 °C) pendant 15 minutes.

Incorporer la seconde quantité de lait évaporé dans la sauce réservée. L'allonger légèrement pour qu'elle soit tout juste liquide. Incorporer le parmesan en remuant. Napper chaque cannelloni de sauce. Répandre le mozzarella sur le dessus. Décorer les cannelloni avec les lanières de poivron rouge. Cuire au four à découvert à 350 °F (175 °C) environ 25 minutes, jusqu'à ce que le plat soit bien chaud et bouillonne et que le dessus soit doré. Donne 8 cannelloni farcis.

*1 cannelloni farci : 200 calories; 1,7 g de matières grasses (0,7 g de gras saturés, 18,3 mg de cholestérol); 587 mg de sodium; 16 g de protéines; 28 g de glucides; 1 g de fibres alimentaires*

Photo à la page 53.

*conseil* — *Il faut faire preuve de modération quand on ajoute du parmesan à table. Quinze millilitres (1 c. à soupe) de parmesan frais râpé ajoute 2 grammes de matières grasses tandis que le produit de parmesan léger râpé n'en ajoute qu'un gramme pour 15 mL (1 c. à soupe).*

# Wontons aux crevettes et à la viande

*Le bord est joliment flûté. On peut congeler les wontons individuellement
avant la cuisson, sur une grande plaque à pâtisserie, puis les ranger
dans un sac pour la congélation. Quand ils sont surgelés, les cuire
6 à 7 minutes dans une soupe ou du bouillon en ébullition.*

| | | |
|---|---|---|
| Crevettes cuites, hachées | ¼ lb | 113 g |
| Poulet haché maigre (ou porc) | ¼ lb | 113 g |
| Blanc d'un gros œuf | 1 | 1 |
| Sauce hoisin (ou aux haricots noirs) | 2 c. à thé | 10 mL |
| Fécule de maïs | 2 c. à thé | 10 mL |
| Poudre d'ail | ½ c. à thé | 2 mL |
| Poivre, une pincée | | |
| Enveloppes à wontons commerciales | 55 à 60 | 55 à 60 |

Combiner les 7 premiers ingrédients dans un petit bol. Bien mélanger.

Dresser cette garniture, à raison de 2 mL (½ c. à thé) à la fois, à peu près au centre de
chaque enveloppe à wonton. Tremper le doigt dans l'eau et « tracer » un cercle autour
de la garniture. Ramener les bords de l'enveloppe sur la garniture. Presser le bord et
l'onduler pour le sceller. Remplir ainsi les enveloppes jusqu'à ce qu'il ne reste plus de
garniture. Couvrir les wontons avec un torchon humide en attendant de les cuire, pour
les empêcher de sécher.

Faire bouillir les wontons dans la soupe wonton, page 127, ou dans du bouillon,
pendant environ 4 minutes, jusqu'à ce que la viande soit cuite et que les enveloppes
soient tendres. Donne 55 à 60 wontons, soit 10 portions.

*1 portion : 62 calories; 0,6 g de matières grasses (0,1 g de gras saturés, 30,8 mg de cholestérol);
153 mg de sodium; 6 g de protéines; 8 g de glucides; trace de fibres alimentaires*

1. Coquilles géantes au fromage, page 136
2. Sauce froide à l'ail, page 114
3. Rouleau aux crevettes et au cari, page 146
4. Rouleau à la suisse avec sauce
   au gruyère, page 137
5. Sauce tomate épicée simple, page 110

Accessoires fournis par : Eaton

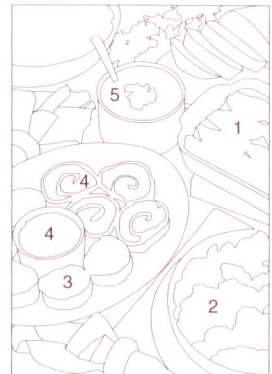

Pâtes farcies

# Wontons végétariens

*On peut congeler les wontons individuellement avant la cuisson, sur une grande plaque à pâtisserie, puis les ranger dans un sac pour la congélation. Quand ils sont surgelés, les cuire 6 à 7 minutes dans une soupe ou du bouillon en ébullition.*

| | | |
|---|---|---|
| Châtaignes d'eau en conserve, égouttées, hachées fin et épongées | ½ tasse | 125 mL |
| Germes de soja, hachées fin | ½ tasse | 125 mL |
| Pak-choï, haché fin | ½ tasse | 125 mL |
| Oignon vert, haché fin | 1 | 1 |
| Blanc d'un gros œuf | 1 | 1 |
| Sauce hoisin (ou aux haricots noirs) | 2 c. à thé | 10 mL |
| Fécule de maïs | 1 c. à thé | 5 mL |
| Gingembre frais, râpé | ½ c. à thé | 2 mL |
| Sel | ¼ c. à thé | 1 mL |
| Poudre d'ail | ⅛ c. à thé | 0,5 mL |
| Enveloppes à wontons commerciales | 55 à 60 | 55 à 60 |

Verser les 10 premiers ingrédients dans un petit bol. Remuer pour les combiner. Mettre la préparation dans une passoire posée dans un petit bol dans lequel s'écoulera le liquide dégagé par la préparation pendant que l'on remplit les wontons.

Dresser la garniture, à raison de 2 mL (½ c. à thé) à la fois, à peu près au centre de chaque enveloppe à wonton. Tremper le doigt dans l'eau et « tracer » un cercle autour de la garniture. Ramener les bords de l'enveloppe sur la garniture. Presser le bord et l'onduler pour le sceller. Remplir ainsi les enveloppes jusqu'à ce qu'il ne reste plus de garniture. Couvrir les wontons avec un torchon humide en attendant de les cuire, pour les empêcher de sécher.

Faire bouillir les wontons dans la soupe wonton, page 127, ou dans du bouillon, pendant environ 4 minutes, jusqu'à ce que les enveloppes soient tendres. Donne 55 à 60 wontons, soit 10 portions.

*1 portion : 47 calories; 0,2 g de matières grasses (trace de gras saturés, 1,4 mg de cholestérol); 189 mg de sodium; 2 g de protéines; 9 g de glucides; trace de fibres alimentaires*

1. Sauce aux tomates et aux poivrons rôtis, page 109
2. Chapeaux aux épinards et au fromage, page 134
3. Sauce aux champignons et aux courgettes, page 115
4. Sauce bolonaise, page 114
5. Poulet en sauce avec crêpes aux pâtes, page 32

Accessoires fournis par : La Baie

# Rouleau aux crevettes et au cari

*Servir accompagné ou arrosé d'une sauce au yogourt froide (comme la sauce tzatziki, page 94). On peut préparer le rouleau à l'avance et le réchauffer au moment voulu (voir Conseil, page 147).*

| | | |
|---|---|---|
| Farine tout usage (voir remarque) | 1½ tasse | 375 mL |
| Paprika | 1 c. à soupe | 15 mL |
| Poudre de chili | 1 c. à thé | 5 mL |
| Sel | ½ c. à thé | 2 mL |
| Poivre de Cayenne | ¼ c. à thé | 1 mL |
| Eau tiède | ½ tasse | 125 mL |
| Gousses d'ail, émincées | 2 | 2 |
| Oignon haché | ⅔ tasse | 150 mL |
| Gros poivron jaune, épépiné et haché | 1 | 1 |
| Margarine | 1 c. à thé | 5 mL |
| Pâte de cari (vendue au rayon des produits importés dans les magasins d'alimentation) | 2 c. à thé | 10 mL |
| Crevettes fraîches, écalées et nettoyées (ou 500 mL, 2 tasses, cuites) | ¾ lb | 340 g |
| Châtaignes d'eau, en conserve, égouttées et hachées | 8 oz | 227 mL |
| Sel | ½ c. à thé | 2 mL |
| Eau | 3 pte | 3 L |
| Sel | 1 c. à soupe | 15 mL |

Combiner les 5 premiers ingrédients dans le robot culinaire. En travaillant le mélange, ajouter lentement l'eau tiède par la cheminée, jusqu'à ce que la farine soit humectée et forme une boule. Poser la pâte sur une surface légèrement enfarinée. La pétrir jusqu'à ce qu'elle soit lisse. L'envelopper dans une pellicule plastique et la laisser reposer pendant 15 minutes.

Faire sauter l'ail, l'oignon et le poivron dans la margarine dans une grande poêle à revêtement antiadhésif pendant 5 à 6 minutes, en remuant souvent, jusqu'à ce que les légumes soient très mous.

Incorporer la pâte de cari et les crevettes en remuant. Combiner le tout en remuant pendant 4 à 5 minutes, jusqu'à ce que les crevettes soient cuites. (Si les crevettes sont déjà cuites, ne cuire la préparation que 2 ou 3 minutes.) Incorporer les châtaignes d'eau et la première quantité de sel en remuant. Laisser refroidir.

Abaisser la pâte en un rectangle de 25 × 30 cm (10 × 12 po). Étaler le mélange de crevettes en une couche égale sur la pâte, en arrêtant à 2,5 cm (1 po) du bord. Enrouler la pâte délicatement, mais fermement, depuis un des longs côtés, comme s'il s'agissait d'un gâteau roulé. Humecter le long côté de la pâte pour le sceller. Poser le rouleau, côté scellé vers le bas, sur 4 épaisseurs d'étamine ou sur un torchon. Envelopper le rouleau bien serré dans l'étamine et nouer les bouts avec de la ficelle (comme un pétard de Noël).

*(suite...)*

Pâtes farcies

Porter l'eau et la seconde quantité de sel à ébullition dans un grand plat à rôtir muni d'une grille. Poser délicatement le rouleau dans l'eau. Rajouter de l'eau bouillante au besoin, pour couvrir le rouleau. Laisser mijoter doucement, sous couvert, pendant 30 minutes. Retirer délicatement le rouleau de l'eau avec 2 écumoires ou spatules pour pouvoir soutenir les deux extrémités et éviter que le rouleau ne casse au milieu. Poser le rouleau sur un plat de service. Enlever délicatement l'étamine. Laisser le rouleau refroidir quelques instants avant d'en ôter les extrémités et de le couper en tranches. Servir sur-le-champ. Couper en 12 tranches.

*1 tranche* : 112 calories; 1,2 g de matières grasses (0,2 g de gras saturés, 43,1 mg de cholestérol); 277 mg de sodium; 8 g de protéines; 17 g de glucides; 1 g de fibres alimentaires

Photo à la page 143.

**Remarque :** La pâte à base de semoule durum au lieu de farine est plus ferme et plus facile à manipuler.

*conseil*  *Pour gagner du temps, on peut préparer à l'avance le rouleau aux crevettes et au cari, page 146, et le rouleau à la suisse, page 137. Une fois les rouleaux tranchés, les envelopper de nouveau et les réfrigérer ou les surgeler. Au moment voulu, dégeler les tranches et les poser de sorte qu'elles se chevauchent légèrement dans une cocotte peu profonde graissée. Couvrir les tranches de rouleau aux crevettes et au cari de 60 mL (¼ tasse) d'eau; napper les tranches de rouleau à la suisse de sauce au gruyère, page 137. Cuire sous couvert à 350 °F (175 °C) environ 30 minutes, jusqu'à ce que la préparation soit bien chaude et bouillonne.*

# Tortellini aux champignons et beurre aux fines herbes

*Ce plat est si bon, il est dur de croire qu'il est faible en gras. Le beurre aux fines est à préparer en été, lorsque les fines herbes abondent. On peut le congeler en petites quantités pour en profiter à longueur d'année.*

**GARNITURE AUX CHAMPIGNONS**

| | | |
|---|---|---|
| Gousse d'ail, émincée | 1 | 1 |
| Oignon, haché fin | ½ tasse | 125 mL |
| Margarine | 2 c. à thé | 10 mL |
| Champignons frais, hachés | 2 tasses | 500 mL |
| Fromage à la crème tartinable nature (ou aux fines herbes) | 2 c. à soupe | 30 mL |
| Sel assaisonné | 1 c. à thé | 5 mL |
| Poivre frais moulu, une pincée | | |
| Persil en flocons | 2 c. à thé | 10 mL |
| Thym moulu | ¼ c. à thé | 1 mL |
| Blancs de deux gros œufs | 2 | 2 |
| Chapelure fine | ⅓ tasse | 75 mL |

**TORTELLINI**

| | | |
|---|---|---|
| Pâte aux œufs maison, page 87 (ou pâte de base, page 86) | 1½ lb | 680 g |
| Eau bouillante | 3 pte | 3 L |
| Sel | 1 c. à soupe | 15 mL |

**BEURRE AUX FINES HERBES**

| | | |
|---|---|---|
| Huile d'olive | 1 c. à thé | 5 mL |
| Margarine de régime | 3 c. à soupe | 50 mL |
| Petite gousse d'ail, émincée | 1 | 1 |
| Persil frais, haché fin, tassé | ¼ tasse | 60 mL |
| Basilic frais, haché fin, tassé | ¼ tasse | 60 mL |
| Aneth frais, haché fin, tassé | 2 c. à soupe | 30 mL |
| Origan frais, haché fin, tassé | 2 c. à soupe | 30 mL |
| Sel | ¼ c. à thé | 1 mL |

Produit de parmesan léger râpé, pincée (facultatif)

**Garniture aux champignons** : Faire sauter l'ail et l'oignon dans la margarine pendant 1 minute. Ajouter les champignons. Faire sauter jusqu'à ce qu'ils soient mous. Laisser refroidir quelques instants. Mettre le mélange de champignons dans le mélangeur. Ajouter le fromage à la crème, le sel assaisonné, le poivre, le persil, le thym et les blancs d'œufs. Combiner jusqu'à ce que la préparation soit lisse. Verser le tout dans un bol moyen. Ajouter la chapelure. Bien mélanger. Donne environ 300 mL (1¼ tasse) de garniture.

*(suite...)*

**Tortellini :**

1. Abaisser le ¼ de la pâte en un grand rond très mince. Y découper environ 25 petits ronds de pâte de 11 cm (2¼ po).

2. Dresser 2 mL (½ c. à thé) de garniture au centre de chaque rond. Humecter la moitié du bord du rond de pâte avec de l'eau.

3. Replier la pâte sur la garniture, bord à bord, et pincer le bord pour le sceller.

4. Enrouler le côté plié autour du doigt pour ramener les 2 pointes ensemble.

Refaire ces étapes jusqu'à ce qu'il ne reste plus de pâte et de garniture. Poser les tortellini sur un plateau enfariné et les couvrir avec un torchon humide en attendant le moment de les cuire. Donne environ 100 tortellini.

Cuire les tortellini en 3 fois dans l'eau bouillante additionnée du sel dans un faitout pendant 4 à 5 minutes, en remuant de temps en temps, jusqu'à ce qu'ils soient tendres, mais encore fermes. Les retirer de l'eau avec une écumoire et les poser dans une passoire. Rincer à l'eau chaude. Égoutter. Verser les tortellini dans un plat de service.

**Beurre aux fines herbes** : Combiner les 8 ingrédients dans un petit bol. Laisser reposer pendant 10 minutes pour que les goûts se mêlent. Donne environ 150 mL (⅔ tasse) de beurre.

Ajouter le beurre aux fines herbes aux tortellini. Remuer légèrement. Répandre le parmesan sur le dessus. Pour 8 personnes.

*1 portion : 266 calories; 4,6 g de matières grasses (0,8 g de gras saturés, trace de cholestérol); 765 mg de sodium; 11 g de protéines; 45 g de glucides; 2 g de fibres alimentaires*

Photo sur la couverture.

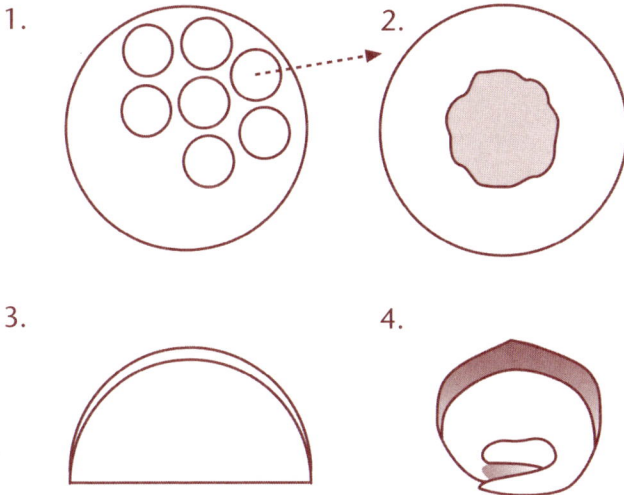

# Rouleaux de poulet mexicains

*La sauce blanche est crémeuse et épaisse. Elle est si riche, et pourtant faible en gras!*

| | | |
|---|---|---|
| Lait écrémé évaporé | 13½ oz | 385 mL |
| Lait écrémé | ½ tasse | 125 mL |
| Farine tout usage | ¼ tasse | 60 mL |
| Sauce à salade ranch sans matières grasses | ½ tasse | 125 mL |
| Produit de parmesan léger râpé | ¼ tasse | 60 mL |
| Monterey Jack à basse teneur en matières grasses, râpé | 1 tasse | 250 mL |
| Salsa | ¼ tasse | 60 mL |
| Piments verts hachés, en conserve, bien égouttés | 4 oz | 114 mL |
| Poulet cuit (ou dinde cuite), coupé en dés | 2½ tasses | 625 mL |
| Pâte aux piments, page 82 | 1¼ lb | 560 g |
| Eau, en 2 parties | 4 c. à soupe | 60 mL |
| Cheddar à basse teneur en matières grasses, râpé | ½ tasse | 125 mL |

Combiner peu à peu le lait évaporé et le lait au fouet avec la farine dans une grande casserole jusqu'à ce que la préparation soit lisse. Incorporer la vinaigrette au fouet. Cuire à feu moyen, en remuant souvent, jusqu'à ce que la préparation bouille et épaississe. Retirer du feu. Incorporer le parmesan et le Monterey Jack en remuant jusqu'à ce que les fromages aient fondu. Réserver 375 mL (1½ tasse) de sauce.

Combiner la salsa, les piments et le poulet avec le reste de la sauce, dans la casserole.

Abaisser le ⅓ de la pâte en un carré de 28 x 28 cm (11 x 11 po) sur une surface légèrement enfarinée. Redresser les côtés avec une règle et un couteau affûté pour que le carré mesure 25 x 25 cm (10 x 10 po). Couper le carré en quatre par le milieu, pour faire quatre carrés de pâte de 12,5 x 12,5 cm (5 x 5 po). Dresser à peine 75 mL (⅓ tasse) de garniture au milieu de chaque carré. Humecter un côté de chaque carré avec de l'eau. Ramener les bords du carré sur la garniture pour former un rouleau fermé. Répéter ces étapes jusqu'à ce qu'il ne reste plus de pâte et de garniture. Couvrir avec un torchon en attendant le moment de la cuisson.

Verser 30 mL (2 c. à soupe) d'eau dans le fond d'une cocotte peu profonde ou d'un plat de 22 x 33 cm (9 x 13 po) légèrement graissé. Poser les rouleaux, bord scellé au fond, en une couche dans le plat. Les arroser avec les 30 mL (2 c. à soupe) d'eau qui restent. Couvrir le plat avec un couvercle ou un papier d'aluminium légèrement graissé. Cuire au four à 350 °F (175 °C) pendant 15 minutes. Napper les rouleaux de la sauce réservée. Répandre le cheddar sur le dessus. Couvrir. Cuire au four à 350 °F (175 °C) pendant 15 minutes, jusqu'à ce que le fromage ait fondu. Donne 12 rouleaux.

*1 rouleau : 246 calories; 4,2 g de matières grasses (2,1 g de gras saturés, 36,5 mg de cholestérol); 688 mg de sodium; 22 g de protéines; 29 g de glucides; 1 g de fibres alimentaires*

Photo à la page 36.

# Tableaux de mesures

Dans cet ouvrage, les quantités sont données en mesures impériales et métriques. Pour compenser l'écart entre les quantités quand elles sont arrondies, une pleine mesure métrique n'est pas toujours utilisée. La tasse correspond aux huit onces liquides courantes. La température est donnée en degrés Fahrenheit et Celsius. Les dimensions des moules et des récipients sont en pouces et en centimètres ainsi qu'en pintes et en litres. Une table de conversion métrique exacte, avec l'équivalence pratique (mesure courante), suit.

## Cuillerées

| Mesure courante | Métrique Conversion exacte, en millilitres (mL) | Métrique Mesure standard, en millilitres (mL) |
|---|---|---|
| $1/8$ cuillerée à thé (c. à thé) | 0,6 mL | 0,5 mL |
| $1/4$ cuillerée à thé (c. à thé) | 1,2 mL | 1 mL |
| $1/2$ cuillerée à thé (c. à thé) | 2,4 mL | 2 mL |
| 1 cuillerée à thé (c. à thé) | 4,7 mL | 5 mL |
| 2 cuillerées à thé (c. à thé) | 9,4 mL | 10 mL |
| 1 cuillerée à soupe (c. à soupe) | 14,2 mL | 15 mL |

## Tasses

| Mesure courante | Métrique Conversion exacte, en millilitres (mL) | Métrique Mesure standard, en millilitres (mL) |
|---|---|---|
| $1/4$ tasse (4 c. à soupe) | 56,8 mL | 60 mL |
| $1/3$ tasse ($5^{1}/_{3}$ c. à soupe) | 75,6 mL | 75 mL |
| $1/2$ tasse (8 c. à soupe) | 113,7 mL | 125 mL |
| $2/3$ tasse ($10^{2}/_{3}$ c. à soupe) | 151,2 mL | 150 mL |
| $3/4$ tasse (12 c. à soupe) | 170,5 mL | 175 mL |
| 1 tasse (16 c. à soupe) | 227,3 mL | 250 mL |
| $4^{1}/_{2}$ tasses | 1 022,9 mL | 1 000 mL (1 L) |

## Mesures sèches

| Mesure courante, en onces (oz) | Métrique Conversion exacte, en grammes (g) | Métrique Mesure standard en grammes (g) |
|---|---|---|
| 1 oz | 28,3 g | 28 g |
| 2 oz | 56,7 g | 57 g |
| 3 oz | 85,0 g | 85 g |
| 4 oz | 113,4 g | 125 g |
| 5 oz | 141,7 g | 140 g |
| 6 oz | 170,1 g | 170 g |
| 7 oz | 198,4 g | 200 g |
| 8 oz | 226,8 g | 250 g |
| 16 oz | 453,6 g | 500 g |
| 32 oz | 907,2 g | 1 000 g (1 kg) |

## Températures du four

| Fahrenheit (°F) | Celsius (°C) |
|---|---|
| 175° | 80° |
| 200° | 95° |
| 225° | 110° |
| 250° | 120° |
| 275° | 140° |
| 300° | 150° |
| 325° | 160° |
| 350° | 175° |
| 375° | 190° |
| 400° | 205° |
| 425° | 220° |
| 450° | 230° |
| 475° | 240° |
| 500° | 260° |

## Moules

| Mesure courante, en pouces | Métrique, en centimètres |
|---|---|
| 8x8 po | 20x20 cm |
| 9x9 po | 22x22 cm |
| 9x3 po | 22x33 cm |
| 10x15 po | 25x38 cm |
| 11x17 po | 28x43 cm |
| 8x2po (rond) | 20x5 cm |
| 9x2 po (rond) | 22x5 cm |
| 10x4$^{1}/_{2}$ po (cheminée) | 25x11 cm |
| 8x4x3 po (pain) | 20x10x7,5 cm |
| 9x5x3 po (pain) | 22x12,5x7,5 cm |

## Cocottes

| CANADA ET GRANDE-BRETAGNE | | ÉTATS-UNIS | |
|---|---|---|---|
| Mesure courante | Mesure métrique exacte | Mesure courante | Mesure métrique exacte |
| 1 pte (5 tasses) | 1,13 L | 1 pte (4 tasses) | 900 mL |
| 1$^{1}/_{2}$ pte (7$^{1}/_{2}$ tasses) | 1,69 L | 1$^{1}/_{2}$ pte (6 tasses) | 1,35 L |
| 2 pte (10 tasses) | 2,25 L | 2 pte (8 tasses) | 1,8 L |
| 2$^{1}/_{2}$ pte (12$^{1}/_{2}$ tasses) | 2,81 L | 2$^{1}/_{2}$ pte (10 tasses) | 2,25 L |
| 3 pte (15 tasses) | 3,38 L | 3 pte (12 tasses) | 2,7 |
| 4 pte (20 tasses) | 4,5 L | 4 pte (16 tasses) | 3,6 L |
| 5 pte (25 tasses) | 5,63 L | 5 pte (20 tasses) | 4,5 L |

# Index

## A

## B

## C

**153**

# P

**154**

**155**

# V

# T

# W

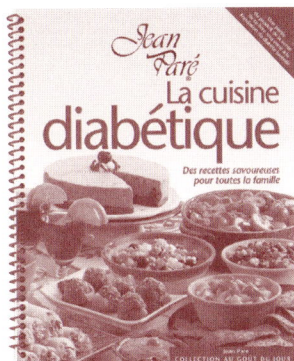

# La cuisine diabétique

Des recettes savoureuses qui plairont à toute
la famille : voilà ce qui résume *La cuisine diabétique*.
Elles contiennent peu de matières grasses et de sucre,
mais ne manquent pas de goût!

## Carrés au chocolat

*Ils remplacent parfaitement les carrés à forte teneur en matières grasses. Moelleux et riches, ils contiennent beaucoup de sucre. Il faut donc les couper petit et se laisser tenter à l'occasion seulement.*

| | | |
|---|---|---|
| **Produit d'œufs surgelé, dégelé** | **¹/₂ tasse** | **125 mL** |
| **Huile de canola** | **¹/₄ tasse** | **60 mL** |
| **Purée de pruneaux en bocal** | **4¹/₂ oz** | **128 mL** |
| **(aliments pour bébés)** | | |
| **Vanille** | **2 c. à thé** | **10 mL** |
| **Cassonade, tassée** | **¹/₂ tasse** | **125 mL** |
| **Sucre granulé** | **¹/₂ tasse** | **125 mL** |
| **Cacao** | **¹/₂ tasse** | **125 mL** |
| **Farine tout usage** | **²/₃ tasse** | **150 mL** |
| **Poudre à pâte** | **¹/₂ c. à thé** | **2 mL** |
| **Sel** | **¹/₈ c. à thé** | **0,5 mL** |
| | | |
| **GLAÇAGE (facultatif)** | | |
| **Cacao** | **1 c. à soupe** | **15 mL** |
| **Sucre à glacer** | **¹/₂ tasse** | **125 mL** |
| **Eau chaude** | **1 c. à soupe** | **15 mL** |

Battre le produit d'œufs avec l'huile, la purée de pruneaux et la vanille jusqu'à ce que le mélange soit lisse. Incorporer le sucre, la cassonade et le cacao en battant. Incorporer ensuite la farine, la poudre à pâte et le sel et battre jusqu'à ce que la pâte soit lisse. Verser la pâte dans un moule graissé de 20 x 20 cm (8 x 8 po). Cuire au four à 325 ºF (160 ºC) 30 à 35 minutes, jusqu'à ce que le centre de la pâte soit prise. Ne pas cuire trop longtemps.

**Glaçage :** Combiner les 3 ingrédients dans un petit bol jusqu'à ce que le mélange soit lisse. En arroser les carrés tièdes. Laisser refroidir. Couper en 25 carrés.

**INFORMATION NUTRITIONNELLE** 1 carré : 78 calories; 2,6 g de matières grasses totales (0,3 g de graisses saturées, 0 mg de cholestérol); 26 mg de sodium; 1 g de protéines; 14 g de glucides; 1 g de fibres alimentaires

**CHOIX** ¹/₂ fruits et légumes; 1 sucre; ¹/₂ matières grasses et huile

# Les livres de cuisine Jean Paré sont vendus en magasin **partout** au Canada!

## Voir le bon de commande par courrier

Achetez 2 livres de cuisine, obtenez Gratuitement un 3e livre de valeur égale ou inférieure au plus bas prix payé.

\* Également publiés en anglais

| Livres de cuisine Jean Paré | | Canada 14,99 $ CAN | | É.-U. et international 10,99 $ US | |
|---|---|---|---|---|---|
| **CODE** | | **CODE** | | **CODE** | |
| FSQ | 150 délicieux carrés* | FLCA | Les casseroles légères* | FSF | Les plats fricassés* |
| FBB | Déjeuners et brunches* | FPR | Les conserves* | FPB | Les pommes de terre* NOUVEAU |
| FHE | Délices des fêtes* | FCCLFC | La cuisine faible | FSA | Les salades* |
| FODM | Des repas en un plat* | | en gras* NOUVEAU | FPI | Les tartes* |
| FCT | La cuisine pour deux* | FLU | Les dîners* | FMU | Muffins et plus* |
| FKC | La cuisine pour les enfants* | FST | Les entrées* | FFS | Poissons et fruits de mer* |
| FME | La cuisine sans viande* | FBR | Les pains* | FCH | Poulet, etc.* |
| FMI | La cuisson au micro-ondes* | FPA | Les pâtes* | FLR | Recettes légères* |
| FBA | Les barbecues* | FCCLFP | Les pâtes faibles | FSC | Recettes pour mijoteuses |
| FCO | Les biscuits* | | en gras* NOUVEAU | | électriques* |
| FCA | Les casseroles* | FPZ | Les pizzas!* | FMAM | Repas à préparer à l'avance* |

| Grands succès | | Canada 12,99 $ CAN | | É.-U. et international 9,99 $ US | |
|---|---|---|---|---|---|
| **CODE** | | | | **CODE** | |
| FBML | Pains éclairs et muffins* | | | FSAS | Soupes et salades* |
| FSAW | Sandwiches et roulés* | | | FDSD | Trempettes, tartinades et sauces à salade* |

| Collection au goût du jour | | Canada 16,99 $ CAN | | É.-U. et international 12,99 $ US | |
|---|---|---|---|---|---|
| **CODE** | | **CODE** | | **CODE** | |
| FLFC | La cuisine faible en gras* | FGR | Les grillades* | FLFP | Les pâtes faibles en gras* |

| Collection Grandes occasions | | Canada 19,99 $ CAN | | É.-U. et international 19,99 $ US | |
|---|---|---|---|---|---|
| **CODE** | | | | | |
| FCE | Chocolat, pur et simple* NOUVEAU | | | | |
| FEE | Jean Paré reçoit avec simplicité* | | | | |

## www.**company**scoming.com
### visitez notre site Web ↖ (en anglais)

**Company's Coming Publishing Limited**
2311, 96 Street
Edmonton (Alberta) Canada  T6N 1G3
Téléphone : (780) 450-6223 (en anglais)
Télécopieur : (780) 450-1857
www.companyscoming.com

*Jean Paré*
**LIVRES DE CUISINE** ®

# Offre postale exclusive

Liste des livres de cuisine à la page 158

| QUANTITÉ | CODE | TITRE | PRIX AU LIVRE | COÛT TOTAL |
|---|---|---|---|---|
| | | | $ | $ |
| | | N'OUBLIEZ PAS | | |
| | | d'indiquer le(s) livres(s) GRATUIT(S). | | |
| | | (voir l'offre exclusive par courrier ci-dessus) | | |
| | | EN LETTRES MOULÉES S.V.P. | | |
| | | | | |
| | | | | |
| | NOMBRE TOTAL DE LIVRES (y compris les livres gratuits) | NOMBRE TOTAL DE LIVRES ACHETÉS : | $ |

| | TARIF INTERNATIONAL | | CANADA ET É.-U. | |
|---|---|---|---|---|
| Frais d'expédition et de manutention (chaque destination) | (un livre) | 7,00 $ | (1-3 livres) | 5,00 $ |
| Livres supplémentaires (Y COMPRIS LES LIVRES GRATUITS) | (2,00 $ le livre) | $ | (1,00 $ le livre) | $ |
| SOUS-TOTAL | | $ | | $ |
| T.P.S. (7%) au Canada seulement | | | | $ |
| MONTANT TOTAL INCLUS | | $ | | $ |

## Conditions

- Les commandes provenant de l'extérieur du Canada **doivent être réglées en devises américaines** par chèque ou mandat tiré sur une banque canadienne ou américaine, ou par carte de crédit.
- Faire le chèque ou le mandat à : **COMPANY'S COMING PUBLISHING LIMITED**
- Les prix sont exprimés en dollars canadiens pour le Canada, en dollars américains pour le tarif international et pour les États-Unis et sont susceptibles de changer sans préavis.
- Les envois sont expédiés par courrier de surface. Pour expédition par service de messageries, prière de consulter notre site Web, **www.companyscoming.com,** ou de demander des renseignements par **téléphone, au (780) 450-6223,** ou **par télécopieur au (780) 450-1857.**
- Désolé, pas de paiement sur livraison.

## Offrez le plaisir de la bonne chère

- Laissez-nous vous simplifier la vie!
- Nous expédierons directement, en cadeau de votre part, des livres de cuisine aux destinataires dont vous nous fournissez les noms et adresses.
- N'oubliez pas de préciser le titre des livres que vous voulez offrir à chaque personne.
- Vous pouvez même nous faire parvenir un mot ou une carte à l'intention du destinataire. Nous nous ferons un plaisir de l'inclure avec les livres.
- Les Livres de cuisine Jean Paré font toujours des heureux. Anniversaires, réceptions données en l'honneur d'une future mariée, fête des Mères ou des Pères, l'obtention d'un diplôme...ce ne sont pas les occasions qul manquent. Collectionnez-les tous!

☐ MasterCard     ☐ VISA

Date d'expiration

No de compte

Nom du titulaire de la carte

Signature du titulaire de la carte

## Adresse du destinataire

Veuillez expédier les livres de cuisine indiqués ci-dessus à :

Nom :

Adresse :

Ville :                              Province ou état :

Pays :                              Code postal ou zip :

Tél : (          )

Courrier électronique :

Oui! Expédiez-moi un catalogue. ☐ français ☐ anglais

Retournez par courrier ou par télécopieur à :
**Company's Coming Publishing Limited**
2311 – 96 Street
Edmonton (Alberta) Canada  T6N 1G3
Télécopieur : (780) 450-1857

Nom : _____

Adresse : _____

_____

Courriel : _____

# Sondage auprès des lecteurs

**Nous apprécions vos commentaires et aimerions beaucoup savoir ce que vous pensez. Nous vous saurions donc gré de prendre quelques instants pour nous donner votre avis. Nous vous remercions.**

1. *Environ quel pourcentage de vos repas préparez-vous à la maison?* _____ %

2. *Combien de repas par semaine préparez-vous à la maison, en général?* _____

3. *Combien de fois consultez-vous un livre de cuisine (ou une autre source) pour trouver des recettes?*
   - ❏ Tous les jours
   - ❏ 2 ou 3 fois par mois
   - ❏ Quelques fois par an
   - ❏ Quelques fois par semaine
   - ❏ Une fois par mois
   - ❏ Jamais

4. *Quelles caractéristiques d'une recette jugez-vous les plus importantes?*
   *Classez vos priorités en ordre de 1 (plus important) à 5 (moins important).*
   - _____ Des recettes de tous les jours
   - _____ Des recettes pour recevoir des invités
   - _____ Des recettes faciles, qui se préparent rapidement, à base d'ingrédients de tous les jours
   - _____ Des recettes faibles en gras ou bonnes pour la santé
   - _____ La mesure dans laquelle vous êtes sûr que les recettes vous donneront des bons résultats

5. *Qu'est-ce qui vous importe le plus quant au contenu d'un livre de cuisine?*
   *Classez vos priorités en ordre de 1 (plus important) à 5 (moins important).*
   - _____ Nombreuses photographies en couleurs des recettes
   - _____ Information sur les méthodes et renseignements complémentaires
   - _____ Astuces utiles et conseils sur la cuisine
   - _____ Reliure qui s'ouvre à plat
   - _____ Recettes bien organisées, complétées par un index

6. *Combien de livres de cuisine avez-vous achetés au cours de la dernière année?* _____

7. *Combien d'entre eux étaient des cadeaux?* _____

8. *Groupe d'âge*
   - ❏ Moins de 18 ans
   - ❏ 18 à 24 ans
   - ❏ 25 à 34 ans
   - ❏ 35 à 44 ans
   - ❏ 45 à 54 ans
   - ❏ 55 à 64 ans
   - ❏ 65 ans et plus

9. *Quelle caractéristique des Livres de cuisine Jean Paré vous plaît le plus?*
   _____
   _____

10. *Comment pensez-vous que les Livres de cuisine Jean Paré pourraient être améliorés?*
   _____
   _____

11. *Sujets auxquels vous aimeriez que des Livres de cuisine Jean Paré soient consacrés :*
   _____
   _____

**Nous vous remercions de nous avoir fait connaître votre opinion.**
**Vos commentaires nous sont très utiles.**